DIE KUNST *du* SELBST ZU SEIN

DIE KUNST *du* SELBST ZU SEIN

Wie man Gottes Meisterstück wird

BOB KILPATRICK
JOEL KILPATRICK

Grain PRESS
Inspiration hat viele Seiten

Originally published in English under the title:
„The Art of being you"
published by Zondervan, Grand Rapids, Michigan 49530

Deutsche Ausgabe:
© 2013 Grain-Press, Verlag des Fördervereins Grain-House e.V.
Marienburger Str. 3
71665 Vaihingen/Enz
eMail: verlag@grain-press.de
Internet: www.grain-press.de

Übersetzung aus dem Englischen:
Übersetzung Florian Hoenisch
Lektorat Heike Ebinger
Satz: Grain-Press
Cover: Grain-Press, Adaption der Originalvorlage.
Druck: Schönbach Druck, Erzhausen.

Bibelzitate sind, falls nicht anders angegeben, der Luther Bibel 1984 entnommen.

Das Buch folgt den Regeln der Deutschen Rechtschreibreform. Die Bibelzitate wurden diesen Rechtschreibregeln angepasst.

ISBN 978-3-940538-666
(Amerikanische Originalausgabe: ISBN 978-0-310-32544-4)

Für Cindy und Ana Maria

Große Kunst ist so irrational
wie große Musik.
Sie wird mit ihrer eigenen Schönheit gemacht.
George Jean Nathan, Theaterkritiker

Gott ist eigentlich nichts anderes als ein Künstler.
Er erfand die Giraffe, den Elefanten,
und die Katze. Er hat keinen wirklichen Stil.
Er versucht nur immer wie-
der andere Dinge zu machen.
Pablo Picasso, Maler

Kein großer Künstler sieht jemals
Dinge, wie sie wirklich sind.
Sobald er das macht, würde er auf-
hören, ein Künstler zu sein.
Oscar Wilde, Dramatiker

Der Mystiker fragt, was ist wie.
Der Handwerker, wie ist was.
Für den Künstler sind was und wie eins.
William McElcheran, Bildhauer

Der gesunden Menschenverstands fragt;
wofür ist etwas gut?-
Das ist die Frage, aufgrund derer man
Rosen abschaffen müsste, und vom Kohl
eine triumphierende Antwort erhält.
James Russell Lowell, Dichter

Inhalt

Einleitung

Kunst oder Mathematik

Wir trugen meinen Vater auf dem Arlington National Friedhof zu Grabe. Seine sterblichen Überreste wurden auf einem Wagen hinter einem reiterlosen Pferd her gezogen und einundzwanzig Männer feuerten ihre Salutschüsse ab, der oberste Geistliche der Air Force hielt die Trauerrede und fertig war die Zeremonie. Ich begann in diesem Augenblick erstmals über die Ewigkeit nachzudenken. Immer wieder hatte ich über den Himmel und die Ewigkeit gesprochen, jetzt aber hatte ich etwas persönlich nahes, unerwartetes und schmerzhaftes selbst erlebt.

Mein Vater musste nun keine Kredite mehr abzahlen, sich um keine Ehe mehr kümmern, empfand keine körperlichen Schmerzen mehr oder musste sich über sonstige winzige Kleinigkeiten seines Lebens mehr Sorgen machen. Die Akte mit dem Namen August Christian Kilpatrick war für immer geschlossen worden. Diese Endgültigkeit traf mich immer und immer wieder. Ich nahm die Anzeichen der an mir vorbei fliegenden Zeit überall um mich herum und insbesondere am eigenen Leib wahr. Es wurde mir klar, dass ich auf genau dem gleichen Weg unterwegs war, den mein Vater gerade verlassen hatte. Mein Leben würde ebenso zu Ende gehen. Ich würde sterben und meine Kredite, Ehe, Schmerzen und Sorgen hinter mir zurücklassen. Die Akte mit meinem Namen würde genauso geschlossen werden.

Und bis dahin, worin bestand der Grund meiner Existenz? Wofür war das Leben da? Was tat Gott in mir und warum?

Ich stellte all diese Fragen und noch viele mehr, las eine Menge Bücher und redete mit meiner Frau, meinen Kindern und besten Freunden darüber. Mein Verständnis von Gott und seinen Absichten wurden durch diese Gespräche und hier besonders die mit meinem Freund Rick Enloe, grundlegend verändert. Rick und ich waren seit 25 Jahren Freunde und unserer Beziehung mangelte es an gekünstelter Umgangsform. Solche Freunde reden anders miteinander als es Rechenschaftspartner, Mitglieder einer Zellgruppe, befreundete Kirchgänger oder Pastorenkollegen tun. Wir wüssten gar nicht, wie wir uns voreinander hätten verstecken können, selbst wenn wir es gewollt hätten.

Rick und ich verbrachten viele lange Nächte im Gespräch an seinem Schreibtisch in Gig Harbor, vor dem Kamin in meinem Wohnzimmer, unter dem Haupt Shakespeares auf der Carnaby Street in London, oder während wir in Vernazza, Italien auf das vor uns liegende blaugrüne Mittelmeer hinaus schauten. Besonders ausführlich sprachen wir über Dorothy L.Sayers Buch „The Mind of the Maker“ und kamen im Laufe der Zeit zu einer für uns sehr befreienden und wunderbaren Schlussfolgerung:

Gott versucht nicht, die Probleme zu lösen, die wir „unsere“ nennen. Er versucht uns nicht zu reparieren. Gott ist weitaus mehr als ein Mathematiker oder Mechaniker. Gott ist ein Künstler. Er ist dabei, die größte Kunstausstellung vorzubereiten, die jemals auf eine Bühne gebracht wurde und wir sind sein künstlerisches Rohmaterial, die großartigste Ausdrucksform seiner Kreativität. Die Kunstausstellung, die er vorbereitet, wird nicht auf Leinwänden oder durch Skulpturen stattfinden. Er hat seine Kreativität in dir und mir zum Ausdruck gebracht und gestaltet eine lebendige Vorführung aus seinen Kunstwerken, den Menschen.

Diese wertvolle Wahrheit kann unser Leben wie die einzigartige Perle für immer verändern. Im Verlaufe unserer Gespräche wurde es uns jedoch immer klarer, das die meisten Christen, diese Art Gott zu verstehen, nicht teilen. Während eines Konzertes hörte ich einmal einen berühmten christlichen Musiker sagen, dass Gott zerbrochene Menschen wiederherstellen würde. Danach ging ich nach Hause, dachte über diese Aussage eine Zeitlang nach und kam zu einer anderen Schlussfolgerung. Ich kann in der Bibel keinen Vers finden, der aussagt, dass Gott zerbrochene Menschen repariert. Ich glaube nicht, dass Gott als der große Mechaniker bekannt sein möchte, der defekte Einzelteile von ansonsten noch gut funktionierenden

Maschinen repariert. Ihm geht es nicht darum, uns zu reparieren, sondern uns neu zu erschaffen. Gott möchte, dass wir sterben und wieder auferstehen. Er möchte uns in ein neues Leben hineinführen und neue Geschöpfe aus uns machen.

Gott schaut uns mit den Augen eines Künstlers an, der gerade sein Lieblingskunstwerk erschafft.

Unsere Wahrnehmung von Gott, was wir über Gott glauben, was wir denken das er in unserem Leben tut und insbesondere warum wir denken, dass er es tut, bestimmt den Lauf unseres Lebens. Wir schauen allzu häufig durch die Brille unserer persönlichen Schwäche auf Gott, statt die Schönheit zu genießen, die unser Schöpfer in und durch uns erschafft. Unser theologisches Verständnis ist geprägt von unserem Mangel, statt davon, wer Gott ist.

Wenn wir uns beispielsweise als Problem betrachten, dass einer Lösung bedarf, wünschen wir uns Gott als Mathematiker. Wenn wir uns als zerbrochen und reparaturbedürftig sehen, wünschen wir uns Gott als Mechaniker. Wenn wir uns selbst als einsam erleben, möchten wir, dass Gott unser Freund wird und wenn wir uns als unwissend wahrnehmen möchten wir Gott als unseren Lehrer.

Es ist fast so, als würden wir uns beim „Zauberer von Oz“ zu einem Termin anstellen, jeder mit unseren eigenen tief sitzenden Mängeln und der Zauberer wird für jeden von uns der, den wir grade benötigen.

Gott begegnet unseren tiefsten Nöten auf sehr persönliche Weise. Wenn wir ihn jedoch ausschließlich durch die Brille unserer eigenen Schwäche sehen, hält uns das davon zurück, ihn in seiner Fülle wahrzunehmen und zu genießen. Es kann für unseren Glauben gefährlich werden, wenn unser vorrangiges Ziel darin besteht, dass Gott unsere Bedürfnisse stillt. Unsere höchste Priorität sollte im Gegenteil darin liegen, zu wissen, wer Gott ist und worum es ihm in unserem Leben geht.

Jesus verdeutlichte die Gefahr, Gott auf diese falsche Weise wahrzunehmen mit einem Gleichnis über einen Herrn, der drei seiner Diener Gelder für Investitionen anvertraut, während er selbst auf Reisen geht (Matthäus 25;14-30). Bei seiner Rückkehr haben zwei von ihnen etwas riskiert und dazu gewonnen. Der dritte Diener jedoch steht im Mittelpunkt dieses Gleichnisses. Er sagte seinem Herrn, *„Ich wusste dass du ein harter Mann bist, erntest wo du nicht gesät hast....und ich hatte Angst."* Diese Aussage zeigt, dass der Diener den Charakter seines Herrn kannte, wie die beiden anderen ebenfalls, ihn jedoch anders als die beiden vor dem Hintergrund seiner persönlichen Mängel und Furcht wahrnahm.

Das Ergebnis war entsprechend schlecht. Deshalb ist es für uns besonders wichtig, die richtige Wahrnehmung von Gottes Charakter zu haben und seine letztendliche Absicht für uns zu kennen.

Ein neues Weltbild

Wenn wir mit der Vorstellung leben, Gott würde unsere zerbrochenen Leben nur reparieren, leben wir an dem vorbei, was er eigentlich in uns tut. Mathematik produziert Gleichungen, Kunst erschafft. *„Ist jemand in Christus, so ist er eine neue Schöpfung; das alte ist vergangen, siehe alles ist neu geworden" (2.Korinther 5;17).*

Ich hatte zu Beginn meines Lebens als Christ den

Glauben verinnerlicht, ich sei ein Problem, das gelöst werden muss. Während vieler Stunden brachte ich an vielen Altären dem Meistermathematiker die rätselhafte Gleichung meines Lebens dar, in der Hoffnung, er würde sie lösen und ich würde dann glücklich leben können. Es wurde mir im Laufe der Zeit jedoch immer klarer, dass mein gesamter Denkansatz falsch war. Vielleicht weil ich mein ganzes Leben als Künstler gelebt habe, umgeben von Kollegen, Freunden und Familienmitgliedern, die Illustratoren, Maler, Schriftsteller, Designer, Liedermacher, Musiker und Bildhauer waren, kam ich zu der Erkenntnis, dass das mathematische Weltbild dann hoffnungslos unterlegen ist, wenn es darum geht, das menschliche Sein oder die Absichten Gottes zu beschreiben oder sich mit diesen auseinanderzusetzen. Wir benötigen ein neues Weltbild.

Kunst, keine Mathematik.

Einen Künstler, keinen Mathematiker.

Was meine ich mit diesen beiden Begriffen Mathematik und Kunst? Lass mich an dieser Stelle eine kleine Beschreibung wagen, ich sage jedoch gleichzeitig, dass beide Begriffe ein Geheimnis darstellen. Die Avantgarde Musikerin Laurie Anderson sagte einmal, „*Über* Kunst zu reden ist wie wenn man *über* Architektur tanzt." Es kann sinnlos sein, den einen Begriff zu nutzen, um den anderen zu beschreiben. Aber wir wollen ein wenig um diese Beschreibungen herum tanzen, um sie lebendig werden zu lassen. Ich bitte dich, jeden Begriff der folgenden Auflistung langsam zu lesen und dazwischen eine Pause zu machen, um ihn auf dich wirken zu lassen. Vielleicht hätte ich hier nach jeder Zeile das Wort *Selah* einfügen sollen.

Mathematik stellt Gleichungen auf	Kunst erschafft
Mathematik verwandelt Chaos in Ordnung	Kunst erschafft Schönheit aus der Ordnung
Mathematik sind Fakten	Kunst ist Glaube
Mathematik ist Gerechtigkeit	Kunst ist Erbarmen
Mathematik ist Gesetz	Kunst ist Gnade
Mathematik sind Geldgeschäfte	Kunst sind Geschenke
Mathematik ist Hierarchie	Kunst ist Dienen
Mathematik ist Stolz	Kunst ist Opfer
Evangelisation ist Mathematik	Freundschaft ist Kunst
Zellgruppen sind Mathematik	Beziehungen sind Kunst
Rechenschaftspartner sind Mathematik	Wahre Freunde sind Kunst
Zur Kirche gehen ist Mathematik	Nachfolge ist Kunst
Gebetslisten sind Mathematik	Gemeinschaft ist Kunst

Jeder Begriff der Mathematik-Auflistung beinhaltet eine Form von Gleichung, Vergleich oder Bemessung. Wir messen unsere Zeit, Geld, Sünden, Seelen, Mitglieder, Positionen und Freunde. Nichts davon geschieht in der Kunst-Auflistung. Mathematik zählt auf, während Kunst Neues und oftmals Unerwartetes macht. Welche Begriffe würdest du dieser Liste hinzufügen?

Einige meiner Freunde glauben, ich hätte viele gute, göttliche Dinge auf die Mathematik-Seite gestellt. Sie fragen, warum stehen Gebetslisten, Rechenschaftspartner, Zellgruppen und der Zehnte auf dieser Liste? All das sind gute Dinge, aber für sich genommen reichen sie nicht aus. Ich bin nicht gegen Mathematik, durch sie bleiben unsere

Häuser stehen und rutschen unsere Hosen nicht herunter. Mathematik schafft Ordnung aus dem Chaos.

Mathematik ist jedoch etwas Erschaffenes. Problemlösungen scheinen für sich genommen kreative Elemente in sich zu haben, ist jedoch von ihrem Wesen her nicht kreativ, da sie nichts erschaffen, was vorher noch nicht war. Sie beschäftigen sich mit Fakten und Zahlen, die schon existieren, beobachtbar und messbar sind. Mathematik erschafft nicht, sie ordnet.

Du magst jetzt denken, „Aber ich mag Mathematik und liebe es Probleme zu lösen". Ich bin genauso wie du. In diesem Buch geht es jedoch nicht um unsere Persönlichkeit oder Fähigkeiten. Ich stelle hier nicht die Frage, wie du dich siehst sondern stelle die Frage, wie du glaubst, dass Gott dich sieht.

Meinst du, er sieht dich als sein Problem oder als sein Gemälde? Ist er dein Problemlöser oder dein Erlöser? Versucht er dich zu reparieren oder dich neu zu erschaffen?

Mathematik ist perfekt geschaffen für das physikalische Universum. Wenn uns Gott jemals seine Vollkommenheit in der Entwicklung, Chemie und Design vor Augen führen wollte, dann an unseren eigenen Körpern. Wir sind, wie David es ausdrückt, „ehrfurchtsvoll und wunderbar gemacht" (Psalm 139,14). Jedoch bestehen wir aus weit mehr als der Summe unserer Chemikalien und Proportionen. Wir sind geistlich, wir denken, fühlen, erinnern uns, hoffen und erschaffen. All das ist Kunst und keine Mathematik

Wäre diese Welt ausschließlich körperlich, benötigte Gott ausschließlich die Mathematik. Das Universum trägt jedoch eine unsichtbare, geistliche Dimension in sich, in welcher Mathematik einfach nicht funktioniert. In dieser geistlichen Dimension, deren Kind der physikalische Bereich ist, gibt es keine Schwerkraft, Raum oder Zeit. Alles scheint auf den Kopf gestellt zu sein. Um nach oben zu gelangen musst du nach unten gehen. Um der Größte zu werden, musst du zum Geringsten aller werden. Die Törichten sind weise, die Schwachen sind stark, die Demütigen werden erhöht und das befremdlichste überhaupt, der Herrscher aller ist der Diener aller!

Wähle deine Metapher

Vielleicht magst du Kunst nicht. Vielleicht lässt dich eine Diskussion über Gemälde, Lieder oder Gedichte kalt. Vielleicht hast du einen Bezug zu etwas vollkommen anderen. Vielleicht liest du dieses Buch nur, weil deine Frau, deine Mutter oder dein Rechenschaftspartner dich dazu überredet haben.

Hier ein Rettungsring für dich: Du kannst dir deine eigene Kunst-Metapher aussuchen. Betrachte dein Leben als Country Song oder Kettensägen Skulptur oder einen wirklich guten Kinofilm. Betrachte es als Glasbläserei, Schmiedearbeit oder etwas Gestricktes.

Vielleicht stellst du dir dein Leben gerne als Kurzfilm vor oder vielleicht ist es ein Broadway Musical. Vielleicht ist es ein japanisches Gedicht (Haiku): kurz und süßlich oder eher doch ein episches Gedicht: lang aber fesselnd. Vielleicht betrachtest du dich als die inspirierte Ingenieursleistung einer Brücke oder eines Gebäudes. Gott weiß, welche Kunstform du darstellst und es tut nicht weh, dich in Begriffen zu beschreiben, die du für dich passend findest.

Ich fragte einmal einen Freund, der als Rechtsanwalt einen Fall gegen den Staat vertrat, wie sein Tag gewesen sei. Er schwieg einen Augenblick und sagte, „Nun, ich habe eine ausgezeichnete Erklärung eines rechtlichen Sachverhalts verfasst, die mit sofortiger Wirkung einen möglicherweise kniffligen Konflikt löste, der vor Gericht gebracht worden war." Darauf lachte er zufrieden in sich hinein. Vielleicht bist du ähnlich, eine wohl formulierte Zusammenfassung. Du solltest die Metapher, die Gottes Absichten für dich beschreibt, in dir bewahren.

Du: „Das Meisterstück"

Kunst ist kreativ. Kunst erschafft Schönheit außerhalb bestehender Ordnung. Künstler erschaffen etwas, das es noch niemals zuvor gab. Sie erzählen eine Geschichte. Ich kann einen Computer so programmieren, dass er sämtliche musikalische Noten erfasst und sie in eine gewisse Ordnung stellt. Dennoch würden wir das Resultat nicht zwangsläufig als Musik bezeichnen und es wäre auch nichts Neues. Es wären ausschließlich die gleichen Noten in anderer Anordnung.

Als Mozart jedoch die Noten seines Requiems zusammenstellte, entstand ein musikalisches Kunstwerk mit Ewigkeitswert, das auf großartige Weise einen bestimmten Teil von uns anspricht, weit über Mathematik hinaus.

Gott möchte in dir eine Geschichte erzählen, die Geschichte von dir, die keiner Geschichte gleicht, die es vor dir gab oder nach dir geben wird. *Epheser 2;10 sagt,*

„Denn wir sind sein Werk, geschaffen in Christus Jesus zu guten Werken, die Gott zuvor bereitet hat, dass wir darin wandeln sollen.“ Der Satz, „wir sind sein Werk“, versetzt mich immer zurück in meine Jugend, als ich einen Metallbaukasten hatte. So, als würde Gott uns zusammenschrauben, wie ich es gewöhnlich mit meinen Metallbaukasten tat. Das an dieser Stelle gebrauchte griechische Wort, ist aber wesentlich aussagekräftiger. Es ist *poiema,* von dem unser Wort „Gedicht“ abgeleitet wird.

Unsere Körper sind vielleicht Gottes Metallbaukasten, unsere Herzen, Seelen, Träume und Leidenschaften aber sind seine Dichtung.

Wenn Johannes schreibt, *„Am Anfang war das Wort und das Wort war bei Gott.“ (Johannes 1;1)* offenbart er damit einen ausdrucksstarken Gott, einen der möchte, dass wir auf der Bühne der Ewigkeit stehen und dem Universum lautstark ein Gedicht vortragen - und dieses Gedicht bist du.

Niemand von uns ist ein durch Seriennummern gekennzeichnetes Spielzeug. Du bist keine Maschine, die repariert werden muss oder ein Problem, das, wenn es gelöst wurde, zurück ins Regal gestellt wird. Du bist Gottes künstlerische Vorstellung. Es kommt ein Tag, an dem er alle seine Kunstwerke versammeln wird, der Vorhang sich öffnet, die Scheinwerfer in all ihrer Brillanz sich auf die Bühne richten und die Kunst Performance beginnt. Er bereitet dich jetzt gerade in seinem irdischen Workshop darauf vor.

Gott ruft dich in das größte Abenteuer der Menschheitsgeschichte, ein lebendiges Kunstwerk in den Händen des Meisters zu sein. Er ruft dich, dein Leben vorbehaltlos in seine wissende Fürsorge zu legen, ihm zu vertrauen, aus den mathematischen Grenzen deines Lebens herauszutreten und weit über diese Gleichung hinaus zu leben. Er kann es kaum abwarten, mit dir zu beginnen. Er weiß genau, was er aus dir machen möchte. Du bist eine frische Leinwand, auf der Gott ein weiteres Kunstwerk malen möchte.

Möge die Kunst beginnen.

1

DIE KUNST GERETTET ZU SEIN – NICHT REPARIERT

Das Wort „Glück“ lässt sich wie die beiden Begriffe „Problem“ und „Lösung“ in der Bibel so nicht finden – eine Tatsache, die dieser wunderbaren Literatur einen einzigartigen Charme und Stichhaltigkeit gibt.

L.P. Jacks, „Stevenson Lectures“

Das Konzept von “Problem und Lösung” ist in Bezug auf die Schöpfung ebenso bedeutungslos, wie wenn man es auf den Akt der Zeugung eines Menschen anwendet. Johannes und Maria produzierten im Akt der Zeugung nicht die „Lösung“ eines gemeinsamen Problems - dieser Akt bringt etwas neues hervor, nämlich George oder Susan.

Dorothy L. Sayers, The Mind of the Maker

Ich habe in all den Enttäuschungen und Versagensmomenten des Glaubens vieler meiner Freunde einen gemeinsamen roten Faden entdeckt. Sie alle hatten erwartet, von Jesus die vollkommene geistliche Gleichung zu empfangen, die sämtliche ihrer Probleme lösen und sie wiederherstellen würde. Manche meiner Freunde bezeichneten Jesus als „die Antwort“, so als wäre er für jede Frage die nette Lösung. Viele von ihnen setzten ihre Hoffnung in Versprechungen, die ihnen niemals gemacht worden waren, am wenigsten von Gott selbst.

Ein junger Rekrut beispielsweise wollte unbedingt die Air Force verlassen. Er glaubte, Gott hätte zu ihm gesprochen und er würde zu einem bestimmten Datum aus dem aktiven Dienst entlassen werden. Als der besagte Tag kam und ohne seine wundersame Entlassung wieder zu Ende ging, gab er voller Enttäuschung Jesus auf, verließ unsere christliche Gemeinschaft und ging, ohne uns zu sagen wohin.

Ein guter christlicher Freund offenbarte mir einmal, er würde mit Selbstmordgedanken spielen. „Ich weiß aber, Christen sollten derartige Gedanken nicht empfinden“, sagte er. Er glaubte, es gäbe eine Gleichung für geistlichen Erfolg, die, wenn er diese nur für sich entdecken würde, ihn dazu bringen würde, derartige Gedanken nicht mehr zu empfinden. Er hatte den Gedanken der Mathematik geglaubt, jedoch versagte diese Gleichung in seiner persönlichen Lebenssituation.

Dankenswerterweise setzte er diese Gedanken niemals in die Tat um. Er wuchs schließlich zu einem reifen und künstlerischen Verständnis dessen heran, wie und wozu Gott ihn berufen hatte.

Wenn das christliche Leben eine Gleichung wäre – Problem + Lösung = Glücklich sein, hätten wir diese schon vor langer Zeit für uns gelöst. Aber wir haben es nicht. All die Selbsthilfeprogramme die uns in sechs einfachen Schritten ein besseres Leben versprechen oder eine neue Identität in dreißig Tagen, oder die zehn Gewohnheiten, die dich für immer verändern werden, versuchen nur das Problem zu lösen, das du meinst, selbst zu sein. Sie versuchen dir mit Hilfe einer Gleichung Glück zu versprechen.

Wahrscheinlich passt auch jedes Zeugnis, das du jemals in der Kirche gehört hast, fast genau auch in diese Gleichung. „Ich hatte ein Problem. Ich habe die Lösung gefunden. Jetzt bin ich glücklich." In meinem Leben habe ich diese Gleichung unzählige Male selbst ausgesprochen, auf Jugendfreizeiten, im Gottesdienst und in Kleingruppen. Wir geben Menschen Zeugnis und nutzen dabei dieselbe Gleichung. „Du hast ein Problem. Wenn du die Lösung akzeptierst, wirst du glücklich sein." Wir versuchen die Menschen von der Logik unseres Glaubens zu überzeugen. Wir argumentieren. Wir zählen Beweise auf und bieten Urteile und Schlussfolgerungen an. All das zählen wir dann zusammen, in der Hoffnung, die Summe wird andere und auch uns selbst am Ende überzeugen.

Mathematik beschäftigt sich mit Zahlen, bewertet sie, stellt sie in eine Ordnung und am Ende gelangt man schließlich zu einer Schlussfolgerung, die ein für alle mal in dem „Gelöst-Ordner“ unseres Gehirns abgespeichert werden kann. Dies funktioniert bei Zahlen großartig, niemand wacht nachts auf um noch einmal 3+3 nachzurechnen, dieses Problem wurde zur allseitigen Zufriedenheit gelöst.

Menschen jedoch sind keine mathematischen Probleme. Wir werden mit unserer Erlösung nicht „gelöst“, wenn dem so wäre, gäbe es keine unglücklichen Christen. Problem + Lösung = Glücklich sein funktioniert mit etwas dynamischen und lebendigen wie dir und mir niemals. Dorothy Sander macht dies in „The mind of the Maker“ unmissverständlich klar, 1+1 ergibt nicht immer 2. Im Akt der Zeugung ergibt Johannes + Maria etwas, das es vorher noch nie gab - ein neues Leben. So arbeitet Gott in uns.

Mathematik und Ordnung

Der Gedanke von einem auf mathematischer Gleichung basierenden Lebensverständnis entspringt aller Wahrscheinlichkeit nach der menschlichen Sehnsucht nach Ordnung, was für sich selbst erst einmal nichts schlechtes ist. Der Mensch wollte von Anbeginn der Zeit Ordnung in sein Leben und seine Welt bringen. Gott wusste das. Er gab Adam den Auftrag, den Tieren ihre Namen zu geben. Als sich damals die ersten Menschen ein Nachtlager suchten, brachten sie damit Ordnung in ihre Welt. Als sie eine ganz bestimmte Höhle zu ihrem Zuhause machten, schafften sie damit Ordnung. Worte, Sprache, Zahlen, Gesetze, pflanzen, ernten, kochen, stapeln, falten, handeln, mit all dem schafft man Ordnung.

Der Mensch wollte jedoch immer etwas mehr als nur die reine Ordnung, er wollte etwas schönes. Seit der Zeit der frühen Höhlenmalereien haben wir unser Zuhause mit Farben und Design verziert, das uns gefällt und eine Geschichte erzählt. Wir sind an diesem Punkt ganz grundlegend genauso wie Gott.

Gott ist ein Künstler. Ich spreche hier bewusst nicht die sentimentale Sprache von „er bemalte die Himmel mit seinem Finger und den Sonnenuntergang mit seinem himmlischen Pinsel". Genauso wenig wie du kann ich mir nicht mehr länger vorstellen, solch einen Gott anzubeten. Wahre Kunst ist niemals Gefühlsduselei. Gottes Zugang zum Universum und deinem Leben ist stattdessen wie der eines Meisterkünstlers zu seinem Lieblingskunstwerk.

Schau dir einmal an, wie Gott sich in der Bibel beschreibt und du wirst diese Wahrheit nicht mehr länger leugnen. Das überhaupt erste Verb der Bibel beschreibt einen künstlerischen Akt.

„Am Anfang schuf Gott…"

Anschließend bewegte sich Gott voller Freude und Absicht durch eine Reihe künstlerischer Akte die jeder große Künstler von sich kennt, der gerade die inspirativen Augenblicke erlebt. Er trennte das Licht von der Finsternis, formte die Kontinente, stellte sich alle unterschiedliche Arten wachsender Pflanzen vor, bevölkerte das Land und die Luft mit erstaunlich vielfältigen Lebewesen und erfüllte die Ozeane mit schwimmenden Wesen. All das führte er dann zu seinem Höhepunkt mit einer Schöpfung, die tatsächlich das Bild Gottes selbst in sich trägt: die Menschheit.

Jeder, der einmal selbst wie gefangen war von der Inspiration durch eine neue Idee, kann in etwa nachempfinden, wie sich Gott während seines Schöpfungsaktes gefühlt haben muss.

Die Bibel bezeugt weiterhin, dass unser Gott ein Künstler ist.

„Wir sind der Ton, du bist unser Töpfer, wir alle sind das Werk deiner Hände" (Jesaja 64;8).

„Hat nicht auch ihn erschaffen, der mich im Mutterleibe schuf, hat nicht der „Eine" uns im Mutterschoß bereitet? " (Hiob 31;15).

„…aber man fragt nicht: »Wo ist Gott, mein Schöpfer, der Lobgesänge gibt in der Nacht," (Hiob 35;10)

Wenn ich sehe die Himmel, deiner Finger Werk, den Mond und die Sterne, die du bereitet hast(Psalm 8,4)

„Deine Hand hat mich gemacht und bereitet; unterweise mich, dass ich deine Gebote lerne." (Psalm 119,73)

Wir erkennen Gottes Kunstfertigkeit an seiner Art, mit uns im Laufe der Geschichte zu kommunizieren. Er liebt es Metaphern zu gebrauchen, Wortspiele aus dem alltäglichen Leben. Er beschrieb das Volk der Israeliten als seine Schafherde, Bäume, Ton und Blumen. Er versprach Abraham, dass seine Nachkommen so zahlreich sein würden wie die Sterne am Himmel und die Zahl der Sandkörner am Meeresufer. Gottes natürliche Sprache ist die der Kunst.

Gott erschien Mose in einem Busch, der zwar brannte, aber vom Feuer nicht verzehrt wurde, vielleicht das erste surrealistische Kunstwerk der Menschheitsgeschichte. Er gab den Propheten wilde, lebendige, bizarre Visionen und Träume, die mir immer wie himmlische Kinofilme erschienen, mit eigenem Drehort, Schauspielern und Erzählrahmen. Jesus vermittelte einen Großteil seiner Botschaft in Form von Gleichnissen, von denen viele begannen mit *„Das Reich der Himmel ist wie…"* Er kam nicht als Staatsanwalt mit Verträgen unterm Arm daher, die unsere Seelen retten würden, wenn wir nur an richtiger Stelle unterschreiben würden. Er kam auch nicht als Wissenschaftler, um in labortauglicher Sprache zu erläutern, wie es sich mit dem Sachverhalt der Erlösung und Wiederherstellung verhält.

Er präsentierte sich stattdessen als Künstler, malte Bilder aus dem alltäglichen Umfeld, Weinstöcke, Berge, Flüsse, Wolken, Vögel und Blumen. Er setzte fiktive Geschichten ein, um die Wahrheit über das Reich Gottes zu offenbaren, erfand Charaktere („Es war einmal ein Mann…"), Orte, Handlungen und überraschende Enden. Er entspann dramatische Geschichten für seine Zuhörer, wie sein Vater es schon während der gesamten Geschichte durch die Propheten getan hatte.

Ja, Gott ordnete auch Gesetze und Gebote an. Diese waren für mich aber immer wie die Werkzeuge und das Material für seine Kunstwerke. Es schien fast so, als würde Gott mit dem Festsetzen bestimmter Regeln für das jeweilige Projekt die unterschiedlichen Pinsel und Farben auswählen und dann eine ganz bestimmte Leinwand auf die Staffelei aufspannen. Alle Künstler gestalten ihren Wirkungsort auf die eigene Weise und haben ihre eigene Art, sich ihrer Arbeit anzunähern und künstlerische Routine für sich zu entwickeln. Die Gebote und Gesetze waren wie die Art und Weise, in der Gott sich sein Studio errichtete: „Ich werde sie brauchen, um die Art Meisterkunstwerke zu schaffen, die ich in diesen Menschen schon sehe."

Warum hat Gott das getan? Warum erschuf er Musik? Farbe? Geschmack? Sex? Wäre er ausschließlich an Ordnung interessiert gewesen, hätte er all diese Dinge weglassen können und es wäre niemandem aufgefallen. Vergnügen und Schönheit würden fehlen und wir wären deswegen nicht dümmer.

Aber Gott liebt die Kunst. Er liebt es, wunderschöne Dinge zu tun und das reichlich. Wusstest du, dass es mehr als fünfundzwanzigtausend unterschiedliche Spinnenarten gibt? (Mir hätte eine schon ausgereicht und das am liebsten ohne haarige Beine). Gott scheint sich von derartigen Ideen begeistern zu lassen. Er erschafft eine Spinne mit langen Beinen und einem Körper so groß wie ein Kugelschreiberkopf, dann wieder eine mit kurzen, behaarten Beinen und einen für Spinnen großen Körper. Es gibt hüpfende, springende und spuckende Spinnen.

Warum so viele verschiedene Spinnenarten? Dies ist nur ein weiteres lebendiges Beispiel dafür, wie grenzenlos künstlerisch Gott ist. Er steckt voller kreativer Ideen. Schau dich um, schau dir die Menschen an, die dir tagtäglich begegnen. Alle sind mit dem gleichen grundlegenden Design geschaffen und dennoch ist jeder einzigartig. Es gibt niemals zwei genau gleiche Menschen, nicht einmal Zwillinge. Menschen, Tiere, Sterne, Blumen, Berge, Sonne, Regen und Flüsse weisen alle auf eines hin, Gott ist verrückt nach Kreativität.

Warum also zögern wir, diesem Gott in die Kunst zu folgen, wenn es um das Wesen seiner Beziehung zu uns geht? Warum betrachten wir Gott ausschließlich als jemanden, der uns erlöst, uns organisiert und gleichschaltet? Unsere Wahrnehmung von Gott ist ebenso extrem verbogen wie unvollständig. Wir haben die Mathematik Gottes verstanden, bleiben stehen und bauen dann dort unsere Städte. Wir haben es nicht geschafft, die gleiche grenzenlose Kreativität und Lebensfreude zu erkennen, wie er sie bei der Erschaffung all dieser Spinnen offenbarte und nehmen auch die Aufmerksamkeit nicht wahr, die er der Entwicklung unseres auf die Ewigkeit angelegten Selbst widmet. Jesus sagte, er würde gehen und im Himmel einen Ort für uns vorbereiten. Der Himmel ist aber nicht der Ordner Gottes für „auf ewig gelöste Fälle". Es stellt keinen Endpunkt sondern einen Anfangspunkt dar. Die Erde ist Gottes Studio und der Himmel seine Bühne.

Gottes Sicht von dir

Wenn wir uns das Leben als Mathematik vorstellen, landen wir unweigerlich beim Zählen und nicht beim Erschaffen und glauben dann an einen Buchhalter-Gott, der genauestens Buch führt und hauptsächlich damit beschäftigt ist, unsere Sünden zu zählen. Was wir über den

Weihnachtsmann singen offenbart, wie wir tatsächlich über Gott denken:

Er macht eine Liste
Und checkt sie zweimal durch
Er wird herausfinden wer frech und wer nett war
Santa Claus kommt in die Stadt
Er sieht dich wenn du schläfst
Er kennt dich wenn du wach bist
Er weiß ob du schlecht oder gut warst
Also sei gut um Himmels willen

Wir glauben an einen Gott der Mathematik. Gott zählt permanent und es findet sich am Ende mit Sicherheit weitaus mehr auf der Schulden als auf der Haben Seite unseres Lebens. Wir alle werden am Tag des Gerichts eine Menge Schwierigkeiten bekommen.

Und dennoch, Gott hat uns nicht „gelöst", er hat uns errettet. Wir sind sein Kunstwerk. Er warf uns auf die Drehscheibe und ergriff diesen feuchten Klumpen Ton unseres Lebens mit beiden Händen.

Kunst zählt nicht, sie erschafft. Als Jesus für uns ans Kreuz ging, beglich er nicht wie ein erbsenzählender Geizkragen unsere kosmische Schuld bis auf den letzten Cent. Er tat das gleiche, was er auch schon mit den Spinnen getan hatte. Er erschuf. Er ging in seiner verschwenderischen Wertschätzung uns gegenüber so weit über unsere Schulden hinaus, dass er uns aus dieser Gleichung herauslöste. Er glich weit mehr als nur die Schulden aus, brachte die Schuldenseite auf weit unter Null und erhob uns damit in den Stand eines Kunstwerks.

Die Kreuzigung bringt seine Gnade aus dem Entwurf in die Wirklichkeit, aus dem Abstrakten in das Konkrete, aus dem Gedanken in die Tat. Hier wurde Gottes abschließende künstlerische Vision in der Geschichte der Menschheit sichtbar.

Damit Kunst echt wird, muss sie auf anfassbare Weise zu einem bestimmten Zeitpunkt ausgedrückt werden. Es gibt kein nicht gemaltes Bild, kein ungesungenes Lied oder eine nicht geschriebene Erzählung. Sie mag vielleicht im Kopf des Künstlers existieren, damit sie jedoch zum Kunstwerk wird und die ihr eigene Kraft entwickeln kann, muss sie real werden. Genau das geschah dort am Kreuz. Seine Macht und Schönheit entspringen der Tatsache, dass die Kreuzigung in Raum und Zeit geschah: ein einsamer Hügel mit Namen Golgatha außerhalb einer Stadt mit dem Namen Jerusalem, es wurde Verrat an einem unschuldigen Menschen geübt durch die Hände eines zaghaften römischen Herrschers, seine Hände und Füße wurden von rauen Nägeln durchbohrt, als er an das Kreuz genagelt wurde, er hing dort zwischen zwei Dieben und dort starb er.

All das sind mehr als reine Tatsachen, sie sind wie ein Fenster, durch das wir Gottes Kunst wahrnehmen können, sichtbar für seine gesamte Schöpfung. Die Kreuzigung Jesu ist Kunst in höchster Vollendung und in hohem Maße kreativ.

Kunst und Geheimnis

Christen haben irgendwann einmal damit begonnen, die Bibel mehr als eine Art Handbuch zu betrachten, als in ihr den Ausdruck der Kunst und des Geheimnisses Gottes zu sehen. Geheimnisse wurden aus den protestantischen Kirchen so sehr verbannt, dass fast alle Theologien übernahmen, die das Mystische nahezu vollständig aus ihrer Praxis verbannten. Die protestantische Kirche lebt heute mehr oder weniger vollständig abgeschnitten von jeder wahren künstlerischen oder mystischen Ausdrucksform des Glaubens.

Natürlich, wir nutzen die Künste und hier besonders Musik und Tanz als Werkzeuge, um anderen unseren Glauben zu vermitteln. Wir nutzen sie jedoch, um damit etwas zu verdeutlichen, anstatt damit eine Geschichte zu erzählen. Wir erzählen die Tatsachen, als wären diese die ganze Wahrheit. Wir begründen, statt auf das Geheimnis hinzuweisen. Wir sprechen den Verstand an, statt das Herz. Wir gebrauchen künstlerische Werkzeuge auf mathematische Weise und wundern uns, warum so vieles unserer auf Gemeinde basierender „Kunst" dermaßen hohl und oberflächlich ist. Es ist nicht einmal Kunst sondern vielmehr nur eine Werbekampagne. Es ist Logik maskiert als Geheimnis.

Stell dir einmal die „geistliche" Werbung vor, die heutzutage als Evangelisation durchgeht. Wir bieten Nichtchristen ein „Produkt" an, das den Genuss des Lebens und der Ewigkeit verbessert. Unsere T-Shirts werden zu Werbebannern. (Meine Tochter wollte sich eines mit dem Spruch bedrucken lassen „sie werden uns Christen an unseren T-Shirts erkennen“). Unsere Lieder und Theaterstücke gleichen Werbespots. „Finde die Lösung zu deinem Problem und werde glücklich mit Jesus! Dein Leben wird sich verbessern! Aber Halt! Da gibt es noch mehr! Auch deine Ewigkeit wird besser werden!“

Ich habe lange Zeit gedacht, weil manche Christen so verzweifelt versuchen mehr von dem Evangeliums-Produkt zu „verkaufen“, sie dazu neigen, Dinge über das Evangelium zu behaupten, von denen sie selbst wissen, dass diese nicht wahr sind. Je mehr wir uns in Verkaufszahlen und Werbung verirren, umso mehr entfernen wir uns von der Vollmacht und Wahrheit der Kunst.

In den achtziger und neunziger Jahren war es in christlichen Jugendgruppen auf Missionseinsätzen eine Zeit lang sehr beliebt, zu christlichen Songs Pantomime aufzuführen. Einige Denominationen veranstalteten auf Jugendkonferenzen und Kunstfestivals tatsächlich Pantomimen Wettbewerbe, als wäre Pantomime eine eigene Kunstkategorie, gleich nach Malerei und Dichtung. Ich erinnere mich an den Song „The Champion“ von Carmen, der von Albuquerque bis Albany über eintausend Mal pantomimisch dargestellt wurde. Für diese Form von Beständigkeit muss ich den Menschen ja durchaus ein Lob aussprechen. Die meisten dieser „Aufführungen“ beinhalteten die gleiche Art greller und Grimasse schneidender Dämonen in schwarzen Jeans und T-Shirts, die um eine still dastehende, meist in weiß gekleidete Jesusfigur rotierend herumschlichen. Damit ließen sie tatsächlich, vielleicht ohne es zu wissen, eine mittelalterliche Tradition der moralisierenden Schauspiele wieder aufleben, in denen damals der ewige Kampf zwischen Gott und Satan um die Seelen der Menschen von archetypischen Charakteren dargestellt wurde. Ein evangelistisches Traktat in Erzählform, von mir aus. Biblisch haltbar, vielleicht. Interessant, manchmal (meistens jedoch nicht wegen des beabsichtigten Ziels). Kunst, auf keinen Fall.

Es ist nun schon dankenswerterweise einige Jahre her, seitdem ich „The Champion“ von Jugendgruppen als Pantomime aufgeführt gesehen habe. Heutzutage ist Youtube die bevorzugte Kommunikationsplattform für Christen mit schauspielerischen Tendenzen. Erst kürzlich sah ich ein Video im Internet, das von einem der führenden „emerging“ Gemeindeleitern online gestellt worden war. Es war gut produziert und sorgfältig durchdacht und bediente sich eines musikalischen Bildes, um die Botschaft des Evangeliums zu vermitteln. Es traf mich jedoch tief, wie wenig künstlerisch es im Kern war. Eigentlich hatte das Video mit Kunst nichts gemeinsam, sondern war nur eine rein rationale Darstellung der Forderungen Christi, eine Form von Vernunft und Debatte. Es hatte zwar eine künstlerische Verkleidung und war dennoch nicht viel mehr als ein Versuch, die theologische Diskussion für sich zu entscheiden. Wieder einmal war Logik als Geheimnis verkleidet.

Ein Grund, warum wir vielleicht Geheimnisse nicht mögen, liegt darin, dass Geheimnisse Gottes Art sind, uns zum Aufgeben zu bewegen. Gäbe es keinerlei Geheimnisse, würden wir wahrscheinlich versuchen, Gottes Arbeit für ihn zu erledigen. Wie einer meiner Freunde es einmal ausdrückte, „Kann ich etwas einmal verstehen, kann ich es umsetzen und wenn ich es umsetzen kann, kann ich das Ergebnis kontrollieren.“ Dies scheint das Ziel mancher Christen zu sein: Gott vollständig zu verstehen, damit sie so das Ergebnis kontrollieren können. Kunst möchte jedoch nicht kontrollieren, ihr Ziel liegt im Geheimnis und im Aufgeben.

Paulus bezeichnet uns in Epheser 3;9 als die „Gemeinschaft des Geheimnisses“ Im ersten Brief, den er an seinen jungen Schüler Timotheus schreibt spricht er davon, „wie groß das Geheimnis der Gottheit ist“ (1.Timotheus 3;16). Paulus spricht, wie auch Jesus, von den Geheimnissen des Reiches Gottes. Im Gegensatz dazu wird das Konzept, jemanden für Jesus zu „gewinnen“ nur ein einziges Mal erwähnt und dies fast nebenbei, als Petrus die Frauen anspricht, die ungläubige Ehemänner geheiratet haben. Hier redet er davon, dass dies „ohne ein Wort“ geschehen solle (1.Petrus 3;1).

Dies bringt das bekannte Zitat in Erinnerung, dass weithin anerkannt dem Heiligen Franziskus zugeschrieben wird: „Predige ständig und falls notwendig, benutze dazu Worte.“

Warum taucht in unserer modernen Theologie das „gewinnen“ so bedrohlich oft auf, die Vorstellung eines heiligen Mysteriums ist jedoch beinahe kein Thema? Liegt es vielleicht daran, dass man „gerettete Seelen“ zählen kann (Mathematik), Geheimnisse (Kunst) jedoch nicht? Wir haben als eine Folge unseres Betonens von Logik und Gewinnen die richtige Reihenfolge umgedreht und zugelassen, dass die Kunst der Mathematik dient. Wir singen, spielen Theater, schreiben, malen und produzieren Filme, nur, um damit Seelen zu gewinnen. Dies ist nur ein weiteres Beispiel einer Werbekampagne, eine gute gemeinte zwar, aber immer noch nur eine Werbekampagne.

Kunst zu nutzen ist einfach, aber nur einige wenige Menschen leben als Kunstwerk. Wir haben irgendwie vergessen, dass Gott ein kreatives Wesen im wunderbarsten Sinne des Wortes ist. Er hat uns geschaffen, damit wir außerhalb der Gleichungen leben, in der Kunst. Der heilige Irenaeus verkündete, „Die Herrlichkeit Gottes ist der vollständig lebendige Mensch“. Dies möchte Gott für uns. Wir versuchen immer etwas dazu zu tun, Gott möchte aber, dass wir mit allem was wir sind, leben.

Mathematik-Christen gefällt diese Vorstellung nicht. Ihnen gefällt das Geheimnis Gottes nicht. Sie möchten Gewissheit und eine Beurteilung. Sie verweisen gerne darauf, dass Jesus sagte, wir würden wegen jedes leeren Wortes beurteilt werden (Matthäus 12;36). Hört sich das für dich nicht wie eine Drohung an? Jedes Wort, das dir jemals über die Lippen kam, ist im Himmel aufgenommen, also pass besser auf was du sagst.

Ich ertappe mich manchmal dabei, mir den Tag des Gerichtes vorzustellen. Dann stelle ich mir eine große Menschenmenge vor und alle schauen zu, wie mein Privatleben auf einer Leinwand für alle sichtbar gemacht wird. Da bin ich im Badezimmer, hier als dummer Teenager und hier schnarche ich grade. Oh das sieht lustig aus! Sinatra hat einmal gesungen, „Vergiss deine Sorgen, sei einfach glücklich…sei bereit für den Tag des Gerichts“ Glücklich sein? Worüber soll man da glücklich sein?

Jetzt schau dir den Begriff „jedes leere Wort“ einmal aus einer anderen Perspektive an, die Betrachtungsweise der Kunst. Statt uns mit Big-Brother-mäßiger Überwachung zu bedrohen, scheint es mir eher so, als würde Jesus einfach nur sagen, dass unser wahrer Charakter in unseren ungeschützt ausgesprochenen Worten zum Vorschein kommt und nicht in denen, die wir sagen, um anderen zu gefallen. Er erinnert uns daran, dass es nicht die vorbereiteten Reden und alltäglichen Gesprächsgewohnheiten sind, die unser wahres Ich offenbaren, sondern die Worte, die direkt aus unserem Herzen kommen. Wenn jemand herausfinden möchte, aus welchem Stoff du wirklich gemacht bist, dann hört er an dieser Stelle ganz genau zu.

Das zeigt Gott als den Künstler. Jeder Künstler möchte wissen, mit welchem Rohmaterial er es zu tun hat. Er kann nicht so tun, als würde er mit Ton arbeiten, wenn es in Wirklichkeit nur Pappmaché ist. Bevor ein Musiker ein Instrument spielt, nimmt er es in die Hand, klimpert darauf herum oder stimmt es und verschafft sich so ein Gefühl für den Ton oder die Tonlage. Was ist die eigentliche Klangfarbe dieses Dings? Dies muss er spüren, bevor er damit Musik machen kann. Genauso wenig kann der Töpfer so tun, als wäre der Ton rein und ihn einfach so in den Brennofen stellen, wenn er es nicht ist. Er muss das Material genau kennen.

Zu Hause in meinem Studio hängen ungefähr ein Dutzend Gitarren an den Wänden. Jede hat einen unterschiedlichen Sound. Wenn ich aufnehme, spiele ich jede einzelne und finde heraus, welche am besten zu dem Song passt, an dem ich grade arbeite. Keine passt zu jedem Klang, alle haben aber ihre Einzigartigkeit.

Gott schaut genauso auf dein wahres „ICH“, nicht auf das „ICH“, welches du nach außen hin zeigst. Er hört auf das, woraus du gemacht bist. Eugene Peterson sagt, dass wir unser gesamtes Leben lang uns selbst nachahmen. Wir spielen unsere beste Version, Gott achtet aber nicht auf unsere eigene Selbstdarstellung, sondern hört auf die unbedachten Worte, die Gedanken und Absichten des Herzens und versucht herauszufinden, woraus wir wirklich gemacht sind. Er möchte das wahre Material kennen, womit er dann arbeiten kann.

Dies hört sich nicht wie eine Drohung an, sondern ist eine künstlerische Bewertung des Künstlers selbst.

Gottes Werkzeuge?

Weil ein Geheimnis an sich sehr beunruhigend ist, sehen sich viele von uns in erster Linie nur als Werkzeuge in den Händen Gottes. Wir möchten gebraucht werden, um etwas zu bauen oder zu reparieren, die Welt zu beeinflussen und zu verändern.

Gott hat für jeden von uns ein Ziel, eine Aufgabe, die wir erledigen sollen und eine Verantwortung, die uns erfüllt. Die ersten Worte, die Gott an Adam und Eva in 1.Mose 1;28 richtete, verpflichtete sie zu einer Aufgabe: *"Seid fruchtbar und mehret euch;.....*"

Viele von uns sehen sich jedoch ausschließlich als ein solches Werkzeug. Wir definieren unsere Identität zu eng über unsere irdische Bestimmung und unsere Aufgaben und vergessen dabei, dass jede irdische Verantwortung nur eine Übung mit endlicher Verpflichtung darstellt. Im Himmel wird dich niemand fragen, „Also, was tust du so?" oder sogar „"Also, was hast du so gemacht?". In der Ewigkeit werden keine Schlosser, Elektriker, Verkäufer, Schriftsteller, Soldaten, Heimwerker, Väter, Mütter oder Politiker mehr gebraucht. Auch Apostel, Propheten, Evangelisten, Pastoren oder Lehrer haben im Himmel keine Aufgaben mehr zu erfüllen. Die Bibel macht Andeutungen darüber, dass wir auch in der Ewigkeit Verantwortung tragen werden, es wird uns aber nicht sehr viel an Information darüber gegeben, wie diese konkret aussehen werden.

Du siehst dich in erster Linie als sein Werkzeug, Gott aber betrachtet deine Aufgabe hier als Werkzeug in seiner Hand für das Kunstwerk, das er in dir formt. Er arbeitet mehr in dir als durch dich und formt dich durch deine Taten, die Menschen denen du begegnest und den Umständen die dein Leben ausmachen. Während wir uns ständig Gedanken über unsere Bestimmung machen, geht es Gott um seine, nämlich dich in das Bild seines Sohnes zu verwandeln. Er möchte durch dich seine außergewöhnliche Gnade in der Ewigkeit demonstrieren und aus dir einen kreativen Ausdruck machen, sein *poiema.*

Während wir über unsere Bestimmung hier auf Erden nachdenken, schaut sich Gott unsere Bestimmung in der Ewigkeit an.

Als ich das zum ersten Mal erkannte, war dies als würde sich meine gesamte Welt auf den Kopf stellen. Es war wie wenn du eine dieser optischen Täuschungen anschaust und auf den ersten Blick erst eine grauhaarige alte Hexe, dann aber auf den zweiten Blick eine wunderschöne junge Frau erkennst. Bis zu diesem Zeitpunkt betrachtete ich mich als ein Werkzeug in Gottes Händen, ein nützliches, hoffte ich. Er hatte mich in der Hand und gebrauchte mich, die Welt in meinem bescheidenen Rahmen zu verändern. Als sich jedoch meine Perspektive veränderte, wandelte sich dieses Bild ins Gegenteil. Ich war immer noch in den Händen Gottes, aber statt dass er mich als sein Werkzeug benutzte, war es, als wäre ich ein Stück

Holz, das auf eine Drehbank gespannt wird. Ich hatte bisher gedacht, ich sei der Meisel, aber dann wurde mir klar, dass ich der Stein war. Er arbeitete mit meinen Lebensumständen, um mich zu behauen und zu schleifen und mich damit als sein Kunstwerk zu formen. Ich war nicht mehr länger sein Werkzeug, ich war das werdende Meisterstück. Diese Erkenntnis gab mir eine vollkommen neue Perspektive.

Ein sehr bekannter Evangelist sagte mir einmal: „Es ist gut, dass Gott mich zu diesem Dienst berufen hat und für mich ist es wichtig, beständig in dieser Atmosphäre von Gemeinde zu sein." Er hatte einen seltenen Einblick in das, was Gott gerade in seinem Leben tat. Gott formte ihn nämlich im Rahmen seiner Berufung an diesem Ort und nutzte diese als Instrument, um in ihm sein Kunstwerk zu formen. Genau das möchte Gott in jedem einzelnen von uns tun. Er arbeitet in unserem Leben auf vollkommen andere, tiefer gehende und weitaus geheimnisvollere Weise.

Während wir uns als Werkzeuge betrachten, die für ein bestimmtes Projekt gebraucht werden, sind wir in Gottes Augen selbst das Projekt. Er gebraucht unsere Verantwortlichkeiten um uns zu formen und zu schärfen.

Niemand von uns ist nur ein Werkzeug in den Händen Gottes. Du bist keine Gleichung oder ein Buchhaltungsfehler, den Gott eines Tages wieder lösen wird, wenn du nur hart genug dafür betest. Du bist das Material seines Kunstwerks. Und er hat dich errettet, weil er es liebt, seine Kreativität durch dich deutlich zu machen.

Lasst uns einmal näher hinschauen.

2

Kunst und Anti-Kunst

In der Kunst und den höheren Weihen der Wissenschaft herrscht ein Gefühl von Harmonie, das allem Handeln zugrunde liegt. Ohne dieses Gefühl von Harmonie gibt es keine wahre Größe in der Kunst oder Wissenschaft.
Albert Einstein

Oh, ich liebe dieses Sache, dieses Einssein von Bewegung, das in die eine Bewegung und Gesang mündet – die Harmonie des Lebens
Emily Carr, Malerin im 20. Jahrhundert

Kunst hat keine Begrenzung, nur die ihr innewohnende Vollendung.
Plato

Ich sang vor Jahren einmal an zwei Abenden in einer Gemeinde der Chicago South Side. Nach Ende des ersten Konzerts kam eine junge Frau zu mir, stellte sich vor und bat mich für sie zu beten. Sie erzählte von ihrer Not. Ich glaube es ging um mehr von Gott und um mehr Geld. Ich hielt ihre Hände und wir beteten gemeinsam. Am nächsten Abend war ich wieder in der Gemeinde und sie auch. Diesmal war sie bemerkenswert gekleidet und hatte sich überdeutlich Parfum aufgelegt. Nach dem Konzert kam sie wieder zu mir mit einem Stück Papier. Darauf stand ihre Adresse und Telefonnummer. Sie lud mich zu einem späten Abendessen ein. Als ich erwähnte, dass der Pastor schon Essenspläne an diesem Abend für mich gemacht hatte, lud sie mich ein, immer dann wenn ich in Chicago sein würde bei ihr vorbei zu kommen und sollte ich eine Übernachtungsmöglichkeit brauchen, wäre ich bei ihre jederzeit herzlich willkommen. Und wenn es mir in meinem Hotelzimmer zu einsam sei, dürfte ich auch über Nacht bei ihr bleiben. Ich gab ihr freundlich zu verstehen, dass ich so etwas niemals tun würde.

Ich dachte, ich wäre kein Typ mehr für One-Night-Stands. Und außerdem, war ich glatzköpfig, verheiratet und hatte Kinder und auch schon Enkel. Welche sich selbst achtende Frau geht zu einer Gemeindeveranstaltung um den Gastredner zu verführen??

Sünde ist jedoch überall gegenwärtig und macht manchmal blind, wie auch in diesem Fall. Es gibt keine Lösung für Sünde. Wir haben keine Methode, die Sünde aus der Komplexität des Menschseins entfernen könnte. Sünde ist kein Puzzle oder mathematisches Problem. Sie ist stattdessen ähnlich wie Schimmel in der Dusche. Du kannst sie gründlichst reinigen, der Schimmel fängt jedoch sofort wieder an zu wachsen und breitet sich aus. Sünde ist etwas dynamisches und nichts statisches.

Ich hätte dies gerne schon wesentlich früher verstanden. Mein Leben lang hatte ich Gott immer wieder die gleichen Sünden gebeichtet. Schon sehr früh nahm ich an, dass er wohl fürchterlich verärgert über mich sein muss, weil ich nicht rein blieb. Oft dachte ich, er wäre kurz davor, mich zur Seite zu legen oder wegzuwerfen.

Gott sieht unsere Sünde jedoch nicht als Problem, das gelöst werden muss, genauso wenig wie er unser Leben als ein zu lösendes Problem ansieht. Sünde verpfuscht die vollkommene Gleichung nicht, jedoch beschmutzt Sünde Gottes Kunstwerk. Sie ist der Widerstand des zu formenden Tons in der Hand des Töpfers. Sünde ist all das, was den Künstler nicht mit der Vision zufrieden sein lässt, die dieser für sein Kunstwerk in sich trägt. Sünde ist diese Uneinigkeit und Zersplitterung der Bestimmung, die ein Kunstwerk zerstört bevor es vollendet ist. Gott möchte, dass wir frei von Sünde sind, weil er genau weiß, wie wir ohne sie sein können. Jede Sünde in unserem Leben blockiert seine künstlerischen Absichten und hält ihn zurück, den reinen, begeisternden und einzigartigen Ausdruck von Kreativität zur Vollendung zu bringen, den er für uns in sich trägt.

Wie alle großen Künstler ist auch Gott ein Perfektionist. Wir würden auch nichts anderes erwarten. Ein Filmemacher, der in seiner Produktion bewusst einige mittelmäßigen Szenen in Kauf nimmt, würde seine eigene Kunst verraten. Gott hasst jede Form von Sünde, weil sie einen, wenn auch kleinen Makel in seinem Kunstwerk bedeutet.

Wenn wir jedoch davon ausgehen, für die Beseitigung dieser Makel verantwortlich zu sein, erliegen wir einem Irrtum. Gemälde malen sich normalerweise nicht von selbst oder gelangen zur ihrer Vollendung indem sie irgendwie die Farbe auf ihre eigene Leinwand bringen. Es ist der Künstler, der das Kunstwerk vollendet. Gott wird uns zu dem machen, wer wir sein sollten. Unsere vorrangige und höchste Berufung besteht darin, uns seiner künstlerischen Vision auszuliefern. Gott fordert von uns nicht, uns selbst der Sünde zu entledigen. Dies ist ein mathematischer Gedanke. Er ruft uns stattdessen auf, unsere Waffen niederzulegen und den Widerstand aufzugeben. Das ist alles, was wir tun können.

Kunst und Heiligkeit

Setze dir einmal den Hut deines Kritikers auf und stelle dir folgende Frage: Worauf schaut oder hört der Kunstkritiker oder Kunstliebhaber, wenn er ein Kunstwerk bewertet? Schockwert? Das Neue? Die Brillanz? Tiefgründigkeit? Nicht wirklich. Wir suchen vorrangig nach einer innerlichen Logik, einer Eindeutigkeit, die aus einer klaren Vision kommt. Das Kunstwerk muss sich selbst treu sein, um überhaupt wahr zu sein. Ob es ein

Lied ist, ein Gemälde, Film, Tanz, Gedicht oder Buch, alle einzelnen Bestandteile müssen zusammenpassen, um eine Geschichte zu erzählen.

Häufig sage ich allzu ehrgeizigen Songwritern, sie sollten in ihren Liedern nur eine einzige Aussage machen. Wenn sie in ihren Liedern mehr als nur ein Thema ansprechen, würde dies die Kraft des Liedes beträchtlich verringern. Wie Sören Kierkegaard schrieb, *„Die Reinheit des Herzens besteht darin, eine Sache zu wollen.“*

5.Mose 6;4 bestätigt dies; dort steht, *„Der Herr ist Einer!“*.

David schrieb in Psalm 86;11, *„Vereinige mein Herz, damit es deinen Namen fürchtet.“*

Jesus sagte, *„Das Auge ist das Licht des Leibes. Wenn dein Auge lauter ist, so wird dein ganzer Leib licht sein.“ (Matthäus 6;22).* Jakobus sagte, dass ein innerlich schwankender Mann unsicher ist auf all seinen Wegen (Jak.1;8).

Einheit ist für Gott ein großes Thema. Sünde verursacht Uneinigkeit. Sünde zerstört Kunst. Die Macht deines Lebens als Gottes Kunstwerk liegt in dieser Einheit und dem Ausleben einer einzigen Vision. Dein künstlerischer Beitrag wird weniger kraftvoll und wunderschön, je mehr er durch Sünde zerrissen oder verzerrt wird. Gott ist in dir am arbeiten, um dich zu einem solchen Beitrag zu formen.

Dies meint die Bibel mit dem Begriff Heiligkeit. Wenn wir davon sprechen, dass Gott heilig ist, bedeutet dies, dass er vollständig und in sich selbst vollkommen ist und es ihm an nichts mangelt. Jeder Künstler kämpft darum, etwas vereinigtes und voller Licht zu erschaffen. Die besten Kompositionen von Bach und Beethoven nehmen uns gefangen aufgrund ihrer Vollendung, Einheit und inneren Symmetrie. Jedes großartige Kunstwerk von Shakespeare bis Rembrandt ebenfalls.

Wenn uns die Bibel vermittelt, wir sollen heilig sein so wie Gott heilig ist, stellst du dir vielleicht strenge Damen vor mit streng hochgesteckten Frisuren und Männer in schlecht sitzenden Anzügen und schlechtem Haarschnitt, die sich an großen Bibeln festklammern und düster in die Welt blicken. Heiligkeit hat offenbar eine wirklich schlechte Presse.

Dies ist jedoch nicht die Heiligkeit, von der die Bibel spricht. Vielmehr sind dies unsere eigenen Anstrengungen durch Mathematik heilig zu werden, um die künstlerische Einheit mit Hilfe einer Gleichung zu erreichen. Wir beenden schlechte Gewohnheiten und treffen neue Vorsätze. Wir halten Stille Zeit, lesen unsere Bibel, gehen zum Gottesdienst, tun gute Werke und evangelisieren. Wir schauen auf das, was andere Christen tun und kopieren sie.

Als ich siebzehn Jahre alt war, wurde ich Teil eines geistlichen Dienstes im nördlichen Kalifornien und ging gemeinsam mit anderen zur örtlichen Pfingstgemeinde, einer wilden kleinen Gemeinschaft am Stadtrand. Ich erinnere mich an Schwester Decker und Bruder Kern und wie deren Gesichter sich zu ausdrucksstarken Grimassen verzerrten, wenn sie anfingen zu beten, also tat ich beim Gebet das gleiche.

Die lieben Geschwister dort bekamen auch ein Trällern in ihrer Stimme beim beten. Sie verstärkten ihre Gebete mit geistlichen, karateähnlichen Bewegungen ihrer Hände. Sie hatten eine einzigartige Art „Glory" zu sagen, was diese Kalifornier sehr südlich klingen ließ. Ich kann das heute immer noch so wie sie damals aussprechen: Glow.ree.

An einem Sonntagmorgen fand ein langer und leidenschaftlicher Gottesdienst statt. Ich betete derart lange und intensiv, dass ich einen Krampf in mein Gesicht bekam. Ich konnte aber mit den anderen Geschwistern immer noch nicht mithalten. Die anderen jungen Menschen, die vor dem Altar auf den Knien lagen schienen derart geistlich, während ich in mir vollkommen durcheinander war. Ich fragte mich, wie wohl das Mädchen neben mir nackt aussehen würde. Ich wünschte mir, irgendein großartig klingendes Zeugnis erfinden zu können, das all diese Menschen beeindrucken würde. Ich war extrem eifersüchtig auf diese geistlichen Typen, die sangen und predigten. Ich wusste, wenn sie wüssten wer ich wirklich war, würden sie mich niemals in ihren coolen Club hineinlassen.

Ich bin mir ziemlich sicher, dass ich so hätte weiterleben können, wenn ich bereit gewesen wäre, den anderen weiterhin etwas vorzuspielen. Viele Menschen um mich herum taten genau das. Es gab den grellen Evangelisten im Dreiteiler und perfektem Haarschnitt, der eine stadtweite Evangelisation abhielt und eine Menge Seelen rettete, bis er auf frischer Tat bei einigen sehr schlimmen Dingen ertappt wurde.

Dann dieser andere Typ, der mit mir vor dem Altar betete, am Ende dann das Mädchen neben mir schwängerte. Ein Gemeindevorstandsmitglied konnte zwischen salbungsvollem Gebet und vulgärer Sprache hin und her wechseln ohne scheinbar von der Herrlichkeitswolke herabzusteigen.

Ich war tatsächlich davon überzeugt, all das musste

so sein, ich konnte es nur nicht selbst leben. Vermutlich suchte ich nach einem neuen Ersatzteil für meinen zerbrochenen geistlichen Motor. Ein Pastor beendete jede seiner Predigten mit dem Satz: „Ich sehe, dass ich diese Predigt nicht zu Ende bringe werde, aber alles was ich sagen kann ist, Gott wird dich durchbringen, wenn du die Sache nur Gott überlässt."

„Das ist alles?!" dachte ich. „Ich sollte also weiterhin verzückt mein Gesicht verziehen und den inneren Druck aushalten?!". Eines Tages konnte ich dieses salbungsvolle Geschwafel nicht mehr aussprechen, sämtliche Karate-Betonungen schienen fruchtlos und lächerlich zu sein. Ich versuchte es mit aller Kraft, allmählich ging mir jedoch die Energie aus. „Das ist alles zu schwer," dachte ich, „ich gebe auf."

Ich wollte Heiligkeit leben, schaffte es aber nur, mich noch tiefer in diese religiösen Knoten zu verstricken.

Ich wünschte, ich hätte damals schon verstanden was Heiligkeit bedeutet. Der Ausdruck *„Teilhaber seiner Heiligkeit"* in Hebräer 12;10 zeigt uns die Absicht Gottes, in uns die gleiche innere Einheit und Übereinstimmung in Wahrheit zu erschaffen, an der er Freude hat und die er in seine gesamte Schöpfung hineingelegt hat. So wie der Künstler gar nicht anders kann, als sich in seinem Kunstwerk zu offenbaren, wird Gottes Wesen – seine Heiligkeit – in uns erschaffen und zu unserem Markenzeichen, das aussagt, dass wir sein Eigentum sind.

David schrieb, dass wir den Herrn in der *„Schönheit seiner Heiligkeit"* anbeten sollen (Psalm 29;2). Schönheit? In Heiligkeit? Betrachten wir Heiligkeit im Lichte der Kunst, ist dies keine altmodische oder gesetzliche Vorstellung; es ist Gottes künstlerische Vision.

Es geht nicht darum sicherzustellen, dass du artig und nicht ungezogen gewesen warst. Gottes Vorstellung von Heiligkeit ist die Ganzheit im künstlerischen Ausdruck und er hat sich fest entschlossen, dass du diese Ganzheitlichkeit auslebst.

Mein Frau Cindy und ich hatten die Gelegenheit, eine Reihe von Studien von Picasso, die er in Kohle gemalt hatte, zu sehen. Diese Studien hat er in Vorbereitung auf ein Bild anfertigt, das er malen wollte. Die Entwicklung seiner Idee auf über achtzehn Stück Papier war bemerkenswert. Jedes einzelne zeigte die Entwicklung seiner Idee und seinen Kampf mit der Vision, bis er endlich die Einheit erreichte hatte, wonach er gesucht hatte.

Er hätte bei keinem dieser Zwischenzeichnungen aufhören können und das Kunstwerk dann für beendet erklären. Er strebte nach Heiligkeit.

Genauso hat Gott eine künstlerische Vision für jeden von uns, an der er bis zur Vollendung arbeitet. Er wird erst aufhören, wenn er damit fertig ist. Er möchte, dass wir heilig sind – vollständig und komplett und das nichts fehlt. Wie der erste Vers von Psalm 23 es ausdrückt: *„Gott, mein Hirte! Mir wird nichts mangeln“*

Ich liebte den Beatlessong „Blackbird“ schon beim ersten hören. Dies war der erste pseudoklassische Gitarrensong, den ich spielen lernte. Wenn du das Lied kennst, kennst du auch die Textzeile „Raben singen mitten in der Nacht, fang an deine gebrochenen Flügel zu gebrauchen und lerne zu fliegen“, und später, „Nimm deine niedergeschlagenen Augen und lerne zu sehen.“ So wunderschön dieses Lied in Melodie und Gedichtform ist, vermittelt es jedoch keinerlei Gefühl von Aufbruch oder Versöhnung, sondern bleibt grau von Anfang bis Ende. Ich entschloss mich deshalb einen weiteren Vers dazu zu schreiben, um diesem gebrochenen Vogel Versöhnung und Ganzheitlichkeit zu vermitteln. Ich nahm den Song auf einem Live-Album auf, sang den Originalsong und endete mit meinem Vers.

Dies stellte sich jedoch als großer Fehler heraus. Kurz nach der Veröffentlichung meines Albums bekam ich einen Brief der Beatles Music Company, die mich darüber informierte, dass sie gegen mich klagen würde. Ich hatte mich in ihre Kunst eingemischt, was ihnen überhaupt nicht gefiel. Als wahrer Beatles-Fan befand ich mich nun also in einer schockierenden und beängstigenden Lage. Nicht nur das, ich sah schon das gesamte Apple Records Imperium mit all seiner Macht gegen mich angehen. Ich tat das einzige, was ich tun konnte, ich bettelte, kroch am Boden und gab Unkenntnis des Sachverhalts vor. Oh Wunder, sie ließen mich mit der Begründung vom Haken, dass es mir in Zukunft nicht mehr erlaubt sei, weitere Auflagen des Albums zu veröffentliche (aus diesem Grund wurden nur fünfzehnhundert Stück des Albums *It's not enough* produziert). Ich war sehr erleichtert, der Firma oder ihren Rechtsanwälten nicht vor Gericht gegenübertreten zu müssen.

Später verstand ich ihre Sichtweise umso mehr, als mir einige Jahre später das gleiche geschah. Ein geschäftstüchtiger und eifriger christlicher Musiker schrieb meinen Song „Lord, Be Glorified“ um, veränderte den Text und die Melodie ein wenig und fügte Textzeilen hinzu, von denen er meinte, sie würden den Inhalt besser wiedergeben. Dann behauptete er das Copyright darauf zu besitzen und führte mich als Co-Autor des Liedes auf. Als ich dies auf einer Lizenzabrechnung von ASCAP bemerkte, fand ich den Typ, hörte das Lied (es war fürchterlich) und teilte ihm mit, wir hätten hier ein Problem. Er war genauso schockiert, wie ich es damals war. Ich war eindeutig und nett zu ihm, ebenso wie es Apple Records mit mir gewesen war und heute findet man seine Version des Liedes nirgendwo mehr in den Plattenläden.

Der Grund, warum die Beatles und ich keinerlei Veränderungen an unseren Liedern zulassen würden ist einfach. Wir möchten nicht, dass irgendjemand sich in die künstlerische Einheit eines unserer Songs einmischt. Ich habe den Eindruck, dass Gott über uns genauso denkt.

Künstlerische Unterlassungssünden

Wäre ich damals mit der Frau in Chicago nach Hause gegangen, wäre dies, wie wenn ich ein Messer nehmen und damit die Leinwand meines Lebens zerschneiden würde, oder ich würde das entstehende Portrait mit Schichten schwarzer Farbe überdecken. Mein Dienst wäre dahin und vielleicht auch meine Familie und Freunde. Zerschnittene Leinwände können sicherlich repariert werden, aber wie viel besser ist es, sie von vornherein nicht erst zu beschädigen.

Sünde kann aber neben unserem, „nichts falsches Tun“ auch „das Richtige zurückhalten“, oder ihm sogar „zu widerstehen“, sein. Dieser Aspekt ist bekannt als die Sünde der Unterlassung. Paulus schreibt, dass das Gute zu wissen und es nicht zu tun, Sünde ist (Römer 7;15-20).

Jeder Künstler weiß instinktiv, was das bedeutet. Wenn es einen besseren Text oder eine bessere Melodie gibt, die geschrieben werden kann und du es nicht tust, ist das Sünde. Wenn du etwas noch knackiger ausdrücken könntest, es aber nicht tust, ist das Sünde. Du arbeitest damit entgegen der Qualität des Kunstwerks.

Vor einigen Jahren schrieb ich einmal einen Song für einen Musikerkollegen. Die Verse und den Refrain hatte ich schon geschrieben und er und ich bastelten an einem Teil von vier Zeilen, um das Lied zu vollenden. Zwei der Zeilen hatten wir relativ schnell geschrieben, die letzten beiden bereiteten uns jedoch richtiges Kopfzerbrechen. Wir verbrachten fast den gesamten Nachmittag damit, mit Worten zu ringen und versuchten uns an verschiedenen Textzeilen. Ich war mir sicher, er war ein wenig frustriert mit mir, denn ich hatte immer noch ein paar Ideen für Satzformulierungen im Kopf, die eleganter, einfacher und besser klangen, als das was wir hatten.

Dann rief Cindy und wir ließen unser Abendessen kalt werden, aber ich konnte jetzt einfach nicht aufhören. Plötzlich kam uns in einer kleinen kreativen Explosion der zündende Gedanke.

Life's a mystery
We don't always see God's hand
He's the Lord of love and wonder
One day we will understand

Ich bin ehrlich genug, um nicht wie ein Narr stolz auf diesen Text und seinen fließenden Reim zu sein. Ich hätte mit diesem Song nicht leben, geschweige denn ihn öffentlich singen können, wären wir nicht drangeblieben und hätten die letzten beiden Zeilen vollendet. Es wäre eine Sünde gewesen.

Während wir in Nashville mit einem anderen Liederschreiber an einem Song arbeiteten, präsentierte mein Bekannter eine, wie ich fand, minderwertigere Vers-Idee. Ich sagte ihm, dass wir das besser könnten. Wir machten weiter, aber nach einer Weile brachte er diese Vers-Idee wieder vor und wollte nicht davon ablassen. Wir beendeten also den Song mit dieser mittelmäßigen Textzeile. Wir produzierten den Song, ich hatte damals aber schon jetzt jegliches Interesse an diesem Song verloren. Meiner Ansicht nach war es keine gute Arbeit und auch nicht gut umgesetzt. Es war eine Sünde.

Das wunderbare an Gott ist, dass er unsere Sünde hasst, ohne uns als Mensch zu hassen. Er ist ein Künstler. Künstler mögen all das abgrundtief verabscheuen, was dem Werdegang eines großartigen Kunstwerkes entgegensteht, deswegen werden sie jedoch niemals die Kunst an sich hassen. Ich habe niemals einen Song gehasst den ich geschrieben habe. Ich mag vielleicht von ihm frustriert gewesen sein oder habe vielleicht die ganze künstlerische Vision dieses Songs nicht erkannt, aber ich habe ihn niemals gehasst. Genauso hasst Gott dich nicht. Er liebt dich bedingungslos. Er möchte sich immer wieder selbst in neuer und vollkommener Weise durch dich zum Ausdruck bringen. Er möchte eine immer größere Einheit in deinem Leben hervorbringen, damit seine künstlerische Vision von dir immer mehr zur Vollendung kommt.

Vergebung als Kunst

Sünde braucht Vergebung. Wenn Gott Sünde vergibt, bietet er damit das einzige Heilmittel an. Vergebung ist eine der besten Kunstformen die es gibt. Sie ist unendlich. Sie kann nicht eingefordert werden. Sie verwirrt jegliche Gerechtigkeitsgleichung dermaßen, dass sie diese vollkommen wertlos macht. Vergebung ist keine Lösung eines Problems, sie bedeutet nicht, dass Gott einen Cent auf dein Konto einzahlt, nachdem du eine Sünde begangen hast, die genau diesen Cent gekostet hat. Sie ist stattdessen dynamisch, kraftvoll und kreativ. Sie fügt etwas hinzu, was es vorher noch nicht gab. Schauen wir uns einmal die ursprüngliche Wortbedeutung an. Es kommt von dem altenglischen Wort „für etwas geben". Vergebung ist die kreativste Tat, die du jemals überhaupt vollbringen kannst. Wenn du jemandem vergibst, gibst du ihm etwas und löschst damit das ganze Schuldenkonto und das damit verbundene System der Schuldenmathematik aus. Vergebung sagt, *„Deine Sünden werden nicht mehr länger gegen dich in Erinnerung behalten."* Vergeben ist eine Kunstform und Gott nutzt Kunst, um Gefangene zu befreien.

Ausreden sind Mathematik. Sie setzen voraus, dass wir auf der gerechten Seite stehen. Eine Ausrede muss nicht vergeben werden, sie muss nur erklärt und verstanden werden. Entschuldigungen sind unsere Art und Weise, Gott anzuklagen: „Du hast mich ja schließlich so geschaffen", um Verantwortung von uns zu weisen. Wenn wir so handeln, führen wir die Kunst der Vergebung ad absurdum.

Manche Menschen spielen ihr Leben lang die Opferrolle. Alles was sie tun hat seinen Ursprung außerhalb von ihnen, ihre Eltern, die Regierung, der Chef, die Ehefrau, der Ehemann, die Kinder, die Wirtschaft, Gott. Sie empfinden, als wurden sie zu den schlechten Entscheidungen die sie trafen regelrecht gezwungen und können deshalb auch nicht dafür verantwortlich gemacht werden. Wenn meine Kinder in diese teuflische Falle tappten, ließ ich sie mir immer zwei Aussagen wiederholen:

„Ich bin kein Opfer"
„Umstände haben keine absolute Macht über mich"

Ich versuchte damit, ein Gespür der Verantwortung für ihr Leben, und ihre Entscheidungen, in ihnen zu verankern. Ich tat das nicht, um die Schuldenlast für sie zu erhöhen sondern um ihnen den einzigen Weg aus dieser Falle heraus aufzuzeigen. Gott sagt, wenn du nicht für deine Taten verantwortlich bist, dann bring mir die Person die es ist und ich werde ihr vergeben. Sich herausreden, andere zu beschuldigen, innerlich damit zu hadern, wie wir gemacht sind, all das lässt uns fürchterlich schuldbeladen zurück. Die Verantwortung für unser Handeln zu übernehmen und unsere Taten dann vor Gott bringen, damit er uns vergeben kann, ist der einzige Weg in die Freiheit. Kein Mensch ist grundsätzlich ein Opfer.

Versprechen, es wieder gut zu machen, sind genauso Mathematik wie andere zu beschuldigen. Der Apostel Johannes sagt jedoch, wenn wir unsere Sünden bekennen, das heißt, wenn wir die Dinge in unserem Leben erkennen, die Gottes Kunstwerk in uns kompromittieren, dann ist Gott treu und gerecht, dass er unsere Sünden vergibt (1.Joh. 1;9). Er kratzt sie von der Leinwand. Anschließend reinigt er uns von aller Ungerechtigkeit und beginnt wieder neu, sein Kunstwerk in uns zu malen.

Vor vielen Jahrhunderten lag auf der Baustelle einer Kathedrale in Florenz in Italien ein großer weißer Klotz Marmor, 5,4 Meter hoch. Er war mehrere Tonnen schwer. Ein Bildhauer hatte begonnen damit zu arbeiten, ihn dann jedoch liegenlassen, weil er seiner Ansicht nach einen schwerwiegenden Fehler aufwies. Es war ein derart massiver Marmorblock, dass alle Künstler der Stadt davon wussten. Sie nannten ihn *den Giganten.* Viele von ihnen, einschließlich Leonardo da Vinci wollten an ihn Hand anlegen. Aber der Handwerksausschuss der Kathedrale hatte keinen ihrer Pläne für ausreichend gut befunden. Sie schienen das Potential dieses riesigen, einschüchternden Steins zu erkennen, sobald dieser in die Hände des richtigen Künstlers kam.

Der Stein lag fünfunddreißig Jahre unberührt da. Dann erfuhr eines Tages ein junger Bildhauer mit Namen Michelangelo Buonarroti, dass die Kathedrale nun endlich bereit war, ihn einem Künstler anzubieten. Leonardo da Vinci war der klare Favorit, ebenso ein weiterer Bildhauer, der sich intensiv bemühte, um die Arbeit an dem Stein zu bekommen. Michelangelo eilte von Rom zurück nach Florenz und präsentierte seine Idee für den Marmorblock. Dem Vorstand der Kathedrale gefiel sein Vorschlag und er wurde beauftragt, *den Giganten* in ein Kunstwerk zu verwandeln.

Michelangelo erwählte sich den David der Bibel als Thema und erschuf aus diesem Marmor, an dem vor ihm schon ein anderer Künstler gearbeitet und aufgegeben hat und den zahllose Künstler jahrzehntelang begehrten, die

5 Meter hohe Statue, die die damaligen Kunstwerke weit überragte. Der *David* war tatsächlich so bedeutsam, dass Kunsthistoriker dieses Kunstwerk als den Beginn des Zeitalters der Hochrenaissance bestimmten.

Interessanterweise war es nicht Michelangelo, der die Arbeit an diesem Marmorblock begonnen hatte, sondern ein anderer Bildhauer schon Jahrzehnte vorher. Michelangelo jedoch beendete sie mit einer vollkommen neuen Vision. Er arbeitete sogar die Spuren des vorherigen Bildhauers mit ein, die dieser in den Stein gehauen hatte.

Wir denken manchmal, dass wir kein gutes Material für ein Kunstwerk Gottes darstellen. Wir wurden falsch behandelt oder fühlen uns voller Fehler. Wir können uns selbst überhaupt nicht vorstellen, großartige Kunstwerke zu werden. Gott aber weiß es besser. Er hat jeden von uns ausgewählt und uns für sein Wohlgefallen erlöst. Seine kreative Vision für dein Leben kann immer noch verwirklicht werden, selbst nach viel Zerstörung und Schmerz.

Wir sind dazu bestimmt, wunderschön zu sein und wir werden es in den Händen Gottes auch sein. Unser Feind möchte uns weiterhin an Gleichungen glauben lassen. Satan liebt Mathematik, wenn wir den Wert unseres Lebens durch mathematische Gleichungen errechnen wollen, werden wir immer verlieren. Gott aber misst nicht nach diesem Maß. Wie bei allen Kunstkennern liegt der Wert eines Kunstwerks in dem Preis, den er bereit ist, dafür zu bezahlen. Er gab das Leben seines Sohnes, um uns zu erlösen und neu zu erschaffen! Das bedeutet, jeder von uns ist es wert, erlöst zu werden. Ich liebe die Aussage von Gloria Gaither: „Alles was ich ihm anzubieten hatte war Zerbrochenheit und Unfriede, er aber machte etwas wunderschönes aus meinem Leben.“

Gott kann aus uns ein so wunderbares Kunstwerk erschaffen, dass wir es nicht für möglich halten. Anstatt uns nur zu reparieren, macht sich Gott daran das Kunstwerk zu erschaffen, zu dem wir bestimmt sind.

3

Die Kunst liebevoller Beziehungen

Du kannst unmöglich die Malerei alleine erfinden
Pierre Bonuard, französischer Maler

Gauguin sagt, wenn Seeleute eine schwere Last zu bewegen haben oder einen Anker lichten müssen, singen sie gemeinsam um sich anzufeuern und Kraft zu geben. Genau das fehlt den Künstlern!
Vincent van Gogh

Ich versuchte während meiner Zeit an der Junior High in Brooks Air Station in San Antonio, Texas, immer voller Verzweiflung cool zu sein. Eine Zeit lang schaffte ich es, zu einer Gruppe von coolen Jungs zu gehören. Wir hingen gemeinsam ab, passten aufeinander auf und saßen auf dem Weg zur Harry H.Rogers Schule immer zusammen auf der letzten breiten Bank im Bus. Wir bestimmten jeden Tag einen von uns, der an der ersten Bushaltestelle einstieg und die letzte Reihe für uns alle freihielt.

Eines Morgens stieg ich in den Bus und bahnte mir meinen Weg in Richtung letzter Bank des Busses. Aber als ich näher kam rückte keiner der Jungs zur Seite um mir Platz zu machen. Dann sagte einer von ihnen „Wir haben abgestimmt und entschieden, dass du von jetzt an nicht mehr zu unserem Club gehörst."

Dies traf mich vollkommen unvorbereitet und mir war, als würde es mir den Hals zuschnüren. Ich setzte mich auf einen anderen Platz und schaute wie abwesend aus dem Fenster. Einige Haltestellen weiter stieg mein bester Kumpel Doug in den Bus ein. Als er zu mir kam schaute er mich fragend an und sagte, „Warum sitzt du nicht hinten im Bus mit den anderen?" „Sie wollen mich nicht mehr in ihrem Club haben" antwortete ich. Es tat weh, mich das sagen zu hören.

Doug setzte sich zu meiner Überraschung auf den Sitz neben mir. „Nun, wenn das so ist, wenn sie dich nicht mehr wollen, dann wollen sie mich auch nicht mehr! Wir starten unseren eigenen Club.“ Ich rieb mir die Augen und sagte, „Yeah!“

Der Rest der Busfahrt hatte etwas Magisches. Ich konnte es kaum fassen, was Doug da getan hatte und dafür liebte ich ihn umso mehr. Er gab seine eigene Coolness für mich auf. Die anderen Jungs hatten abgestimmt und ich war aus dem Spiel. Doug aber hatte etwas Neues erschaffen, unseren eigenen Club. Am Ende dieses Tages war die andere Gruppe auseinander gefallen und alle Jungs hatten sich unserem neuen Club angeschlossen. Liebe überwindet alles!!!

Der Leib Christi als Kunstwerk

Ich bin mir nicht sicher, ob du jemals eine derartige Freundschaftstat erlebt hast, aber die Tatsach, dass ich heute noch voller Dankbarkeit auf diesen Tag zurückschaue und etwas dabei empfinde, sagt mir, wie kraftvoll eine solche Tat sein kann. Ehrlich gesagt erlebte ich im Verlauf meines Lebens immer wieder Enttäuschungen und musste erkennen, wie selten solche Taten sind. Es kann sein, dass Freundschaft ein seltenes Phänomen ist. Leider trifft dies auch auf den Leib Christi zu, aber es muss nicht so sein.

Wir wissen, dass wir als Christen einer liebevollen Gemeinschaft angehören sollten. Wir sehnen uns nach der Nähe, wie sie Paulus und Silas, die Jünger Jesu oder David und Jonathan miteinander erlebt hatten. Wir möchten diesen Bund schließen, wie ihn die erste Kirche im

Buch der Apostelgeschichte lebte. Wir möchten der Leib Christi sein, aber uns steht häufig die Mathematik im Weg. Wir beginnen Freundschaften auf irgendeine kunstlose Art und Weise und erwarten dann, dass sie auf der Basis der Gleichungen „erfolgreicher" Gemeinschaft der Gläubigen funktionieren. Dies führt häufig zu Enttäuschungen, überhöhten Erwartungen, flachen Beziehungen, Entfremdung und sogar bitteren Trennungen.

Das Gegenmittel für schlechte Beziehungen besteht darin, Gemeinschaft als Bestandteil von Gottes künstlerischem Ausdruck zu betrachten. Wir müssen Beziehungen so betrachten, wie es unser Künstler tut, als etwas Lebensnotwendiges für das Werk, das er in jedem einzelnen von uns tun möchte. Beziehungen geben dem Kunstwerk unseres Lebens einen Rahmen und Bedeutung. Stell dir deine Gemeinde oder Gemeinschaft einmal als ein Symphonieorchester vor. Dutzende unterschiedliche Instrumente spielen gemeinsam. Die Geigen und Bratschen streichen liebevoll die Melodie, die Trompeten machen sich hier und da deutlich bemerkbar und die Pauken brechen im Höhepunkt hervor. Die Posaunen sitzen an der Seite und unterstreichen die Melodie an entscheidenden Punkten. Die Flöten und Piccolos trällern wie Vögel in ihrem Käfig. Die Aufgabe des Dirigenten besteht darin, sie alle in Rhythmus und Gleichgewicht zu halten. Jeder Musiker ist für sich selbst ein Künstler und doch ordnet jeder sein Talent in die gemeinsame Vision eines einzelnen Künstlers ein, des Komponisten.

Das wunderbare an der Kunst besteht darin, sei es eine Symphonie oder eine Erzählung, wie die einzelnen Teile zusammengenommen unter der Leitung des Schöpfers ein kraftvolles Ganzes ergeben. Für sich alleine stehend wäre jedes einzelne Teil nur wenig wert, vielleicht würde es einem sogar nicht mehr gefallen oder es würde keinen Sinn ergeben. Wenn ich im Tonstudio eine Platte aufnehme, lasse ich jeden Teil „solo“ spielen. Ich höre mir dann diesen einzelnen Part ohne die anderen Instrumente an. Für sich alleine kann sich jeder Teil langweilig, fehl am Platz oder falsch anhören. Entscheidend jedoch ist, dass er sich im Zusammenhang des gesamten Songs gut anhört.

Das große Bild unseres Lebens und letztendlich der ganzen Menschheitsgeschichte, ist die Absicht Gottes, vollkommene Gemeinschaft zu erschaffen. Er nutzt dafür als Ausgangsmaterial all diejenigen, die Jesus Christus kennen. Beziehungen sind für dieses Kunstwerk etwas Grundlegendes. Die Frage „Wen kennst du?“ wird die alles entscheidende Frage in der Ewigkeit sein.

Es ist eine allgemein verbreitete Meinung, dass Gemeinschaft Gleichförmigkeit bedeutet. Das folgende hast du bestimmt auch schon einmal gehört, aber es verdient Wiederholung: Gott benutzt nicht eine Gussform, mit der du als die vollkommene Kopie deines Nachbarn auf der Kirchenbank herauskommst. Die Übereinstimmung mit Gottes Vision muss künstlerisch verstanden werden, es geht um Einheit in Bezug eines größeren Zieles, nicht um Konformität untereinander.

Wenn ein Künstler mit einer Idee ringt, bringt er dies selten nur in einem einzigen Werk zum Ausdruck. Ein Musiker veröffentlicht wahrscheinlich mehrere Alben im gleichen Musikstil oder produziert ein Album, dessen Songs von einem umfassenden Konzept eingerahmt werden. Ein Maler wird eine Reihe ähnlich aussehender Bilder malen und die Autoren von Theaterstücken werden eine Trilogie zu einem bestimmten Thema schreiben. Jede Idee, die es wert ist erforscht zu werden, ist immer zu groß für einen Song, ein Gemälde oder ein Theaterstück. Sie muss in verschieden Facetten heruntergebrochen werden um zur Vollendung geführt zu werden. So arbeiten Künstler. Sie arbeiten sich in vielen individuellen Ausdrucksformen durch eine Idee. Für sich alleine ist jedes einzelne Werk gut, jedoch als ganze Serie gewinnt jeder Teil an Bedeutung, wenn wir es im Blick auf die Entstehung der größeren Idee betrachten. So ist es auch mit christlicher Gemeinschaft. Jeder von uns ist ein Kunstwerk, zusammen erzählen wir jedoch eine wesentlich größere Geschichte.

Ich habe in meinem Wohnzimmer ein Kunstwerk aus Pappmache stehen, einen großen, comichaften Kugelfisch mit dem Titel „Pez Bola“, des mexikanischen Künstlers Sergio Bustamante. Es ist signiert mit seiner Unterschrift, gefolgt von den Buchstaben „AP“, die für *„vom Künstler geprüft“* stehen. Während er seine Vision für dieses Stück ausarbeitete, liebte er dieses Eine am meisten und war der Meinung, es würde seinem Ideal am besten entsprechen. Dieses eine Kunstwerk war dann das Modell für alle anderen in dieser Serie. Jesus ist ebenfalls der künstlerische Prototyp, der erste in der Reihe, derjenige, den Gott am meisten liebte und der Gottes Ideal zum Ausdruck brachte. Paulus nennt Jesus in Römer 8:29 den *„Erstgeborenen unter vielen.“* Er sagt im gleichen Vers, dass wir in das Bild von Jesus verwandelt werden sollen. Gott erschafft in seinem Workshop hier auf Erden den Rest der Serie seiner künstlerischen Vision – dich und mich. Wir sind nicht der einzige Ausdruck der Idee Gottes. Wir sind Bestandteil einer künstlerischen Serie, eines Mosaiks – dem Leib Christi.

Freundschaften als Kunstwerk

Freundschaft ist nicht das Resultat einer Gleichung, so wie wir mit Hilfe eines Computerprogrammes nur wertlose Kunst erschaffen können. Es ist eine Schande, dass viele Gemeinden Freundschaft in mathematische Formeln gepackt haben, statt der wahren Kunst von Freundschaft Raum zur Entfaltung zu geben. Wir haben statt authentischen Verbindungen von Freundschaft und Liebe, Dinge erschaffen wie....Rechenschaftspartner.

Vielleicht widerspreche ich mir an dieser Stelle gerade selbst, aber ich denke, ein Rechenschaftspartner ist ein armseliger Ersatz für einen wahren Freund. Dies ist eine derart mechanische, roboterhafte Konstruktion. Über diesem Konstrukt steht in breiten Buchstaben „Mathematik". Glauben wir wirklich, dass wir in einer Art religiösem Labor die natürliche Anziehung und Gemeinschaft miteinander erschaffen können, die ihren Ursprung aus dem Geist Gottes hat? Meiner Erfahrung nach haben derartige Versuche „Frankenstein-Freunde" zum Ergebnis, künstliche Beziehungen, die eher abschrecken als aufbauen.

Gott möchte, dass wir Freunde haben. Jesus genoss und brauchte die Freundschaft mit seinen Jüngern. Aber möchte Gott unsere Freundschaften durch ein Gemeindeprogramm künstlich erschaffen? Ich hörte von einem Ehepaar, dass in ihrer Gemeinde zehn Jahre lang die gleiche Kleingruppe besuchte. Eines Abends verkündeten sie der Gruppe, dass sie nicht mehr kommen würden, da sie sich scheiden ließen. Keiner in der Gruppe hatte auch nur die leiseste Ahnung, dass die beiden Eheprobleme hatten! Wenn wir in derartige „Beziehungen“ hinein organisiert und eingefügt wurden, bringen wir auch nur das ein, was wir einbringen wollen. Wir erzählen vielleicht von unseren netten Anfechtungen, schweigen aber über unsere tiefsten Kämpfe.

Die Kirche Gottes ist organisch und nicht mechanisch. Sie stellt den Leib Christi dar, lebendig gemacht und zusammengehalten von dem, was jeder Teil beiträgt und nicht miteinander verschraubt, wie die Teile einer Maschine. Gott bewahre uns davor, aus Metallbaukästen Kirchen zu errichten!

Als Cindy und ich frisch verheiratet waren, entschlossen wir uns gemeinsam mit ein paar Freunden, uns jeden Freitag bei einem zuhause zu treffen, um über die Bibel zu diskutieren. Die Gruppe blühte auf. Wir trafen uns mehr als zehn Jahre lang und ich erlebte in diesen Treffen einige der besten Lernerfahrungen und Gespräche. Wir wechselten die Treffpunkte und luden andere Freunde dazu ein. Vier oder fünf bildeten den Kern der Gruppe und andere kamen und gingen im Laufe der Zeit. Die Beziehungen, die während dieser Zeit entstanden sind, sind die stärksten die ich bis heute habe.

Nach einem Jahrzehnt entschloss sich unsere Gemeinde dazu, „Zellgruppengemeinde“ zu werden. Sie bildeten Zellgruppen, die sich über die ganze Stadt verteilt, trafen. Wir wurden von der Gemeindeleitung gebeten, uns unter den Schirm dieses neuen Gemeindedienstes zu begeben. Die Gemeinde begann damit, Menschen aufgrund geographischer Nähe einander zuzuordnen. Unsere Gruppe wurde durch diesen Plan etwas fragwürdig, denn die Gemeinde wollte dass sämtliche Zellgruppen den gleichen Lehrplan durchliefen.

Ich kann gar nicht sagen, wie schnell sich der Geist unseres Projektes zerstreute. Gemessen an äußerlichen Maßstäben, „passte“ unsere Gruppe nun besser in die Gemeindestruktur, aber das Herz war nicht mehr da. Das war für die meisten von uns das Ende der Gruppe.

Mathematik versucht schwerfällig, was Kunst ganz natürlich erreicht. Bruce Cockburn singt in einem Lied eine Zeile, die dies wunderbar zum Ausdruck bringt:

> Lets hear a laugh for the man oft he world
> (Wir hören wie jemand über Menschen lacht.)
> Who thinks he can make things work
> (Die denken, sie können die Dinge zum funktionieren bringen)
> Tried to build the New Jerusalem
> (Sie versuchen das neue Jerusalem zu bauen)
> And ended up with New York
> (Und enden damit New York gebaut zu haben)
> Ha ha ha….![1]
>
> Selah.

Was zeichnet eine Gemeinschaft aus?

Wie finden wir Freunde? Wie schreibt man ein wunderschönes Lied oder wie verliebt man sich? Wahre Gemeinschaften sind eine Gabe Gottes. Eine der Freuden im Leben besteht darin, zu entdecken, mit wem wir uns am wohlsten fühlen und mit wem nicht, dies ist ein

1 Bruce Cockburn „Laughter“ © 1978 by Golden Mountain Music Corp., aus dem Album „Further Adventures of...“

schwer vorherzusagender Prozess. Ich erlebe das, wenn ich ein Lied im Studio aufnehme. Ich baue den Track Instrument für Instrument auf, höre immer wieder auf die Lücken, die Stellen, an denen ganz bestimme Elemente fehlen. Wenn ich ein Element auf ein anderes lege, überrascht es mich immer wieder, dass die Klänge und Instrumente, die offensichtlich am besten eine gewisse Lücke ausfüllen, oft überhaupt nicht passen. Im Zusammenhang des gesamten Liedes klingen sie breiig oder farblos. Es ist vielmehr das unerwartete Experiment, das Überraschungsmoment, das dem Lied Leben einhaucht und es in eine aufregende, neue Richtung bringt. Es ist wie wenn Musik (und ebenso jede andere Kunstform) nur durch innere Gegensätze funktioniert.

So war dies auch mit vielen meiner Freundschaften. Die Menschen in meinem Leben, die offensichtliches Freundschaftspotential darstellten, passten oft nicht zu mir oder ich zu ihnen, unabhängig davon wie sehr wir es versuchten. Der Typ aber, der mich bizarr und wie von einem anderen Planeten traf, gab meinem Leben oftmals etwas, dass niemand sonst geschafft hätte. Der Prozess scheint manchmal zufällig und nicht vorhersehbar (Jesus sprach davon in Johannes 3, als er über den Heiligen Geist sprach), ich bin jedoch davon überzeugt, dass der Heilige Geist uns so zusammenbringt, wie es dem Vater gefällt.

Das Neue Testament zeigt uns dankenswerterweise, wie wir unsere Beziehungen ausleben können. Es zeigt uns auch einige Schlüsseleigenschaften oder Stufen, die die meisten menschlichen Gemeinschaften beschreiben. Ich habe diese Phasen in meinem eigenen Leben wiederentdeckt, in meinem Studium der Geschichte und in der Bibel. Schauen wir uns diese Stufen von Freundschaft an: Authentische Liebe, gemeinsames Ziel und erstaunliche Kreativität, finanzielle Großzügigkeit, Rivalität, Veränderung und Versöhnung. Danach werden wir Möglichkeiten entdecken, wie unsere Freundschaften dem ähnlicher werden können, wozu sie ursprünglich geschaffen wurden.

Authentische Liebe

Die erste Kirche war für ihre Liebe bekannt. Diese Menschen waren keine Christen mit Sonntagsgesicht, die gemeinsam einen Gottesdienst besuchten, sich jedoch innerlich auf den nächstliegenden Golfplatz oder in ein Wellness Hotel wünschten. Nein, sie liebten einander. Sie dachten mit Recht, dass der Grund ihrer Berufung darin lag, mitzuhelfen gemeinsam die Welt zu verändern. Bewegend schreibt Paulus am Ende vieler seiner Briefe *„Grüßt „so und so" von mir, mein lieber Freund im Evangelium."* Dies waren nicht nur nahöstliche Verhaltensformen, dies war Ausdruck wahrer Beziehung. Wir können die Energie und Sehnsucht in seinen Worten erspüren. Die Bitte des Paulus, Timotheus möge ihm doch seinen Mantel und seine Bücher bringen und sein äußerstes geben um noch vor Wintereinbruch zu kommen, war für mich immer besonders aussagekräftig (2.Timotheus 4;21).

Viele Künstler lebten im Lauf der Geschichte starke Freundschaften miteinander, die denen ähnlich sind, die wir im Neuen Testament sehen. Beispielsweise waren die Maler im Impressionismus, bevor sie richtig bekannt wurden oder vom Erlös ihrer Bilder leben konnten, sehr enge Freunde und Mitglieder der gleichen eng umrissenen sozialen Gruppe. Renoir, Monet, Degas und Manet trafen sich immer wieder in einem Cafe in der Nähe von Manet's Studio, um sich auszutauschen, zu streiten und zu debattieren. Monet sagt über diese Treffen, „Nichts hätte interessanter sein können als diese Plaudereien mit ihren immerwährenden Meinungsunstimmigkeiten. Sie erhielten unseren Geist scharf ....wir gingen alle mit einem stärkeren Willen aus diesen Diskussionen heraus und konnten unsere Gedanken klarer und wesentlich eindeutiger formulieren."[2]

C.S.Lewis beschrieb seine Schreib-Gruppe, die *Inklings*, folgendermaßen:

> „Wir treffen uns an den Freitagabenden bei mir zu Hause, theoretisch um über Literatur zu diskutieren, aber wir reden dann fast immer über etwas besseres. Was ich ihnen verdanke ist unbezahlbar. Dyson und Tolkien waren die unmittelbaren menschlichen Gründe meiner Bekehrung. Gibt es auf Erden ein annähernd großes Vergnügen, als ein Kreis christlicher Freunde am Kaminfeuer?"[3]

Andererseits schrieb Paul Gauguin in einem Brief an seine Frau, „Du beschwerst dich darüber, alleine zu sein. Und wie steht es mit mir? Ich bin von morgens bis abends alleine in einem Zimmer eines Gasthofs. Um mich herum gibt es nichts als Stille. Niemand ist da, mit dem ich meine Ideen teilen könnte."[4]

---

2 Aus „Impressionism" von Phobe Pool (New York: Thames and Hudson 1985) 88, 93, 95.

3 W.H.Lewis, Briefe von C.S. Lewis (London: Geoffrey Bless, 1966), 197

4 Aus „Van Gogh: Sein Leben und seine Kunst" von David Sweetman (New York: Crown, 1990),256.

Jeder von uns sehnt sich danach, die Gemeinschaft zu finden, zu der wir gehören und zu der Gott uns um seines Kunstwerkes willen gerufen hat.

Gemeinsames Ziel und erstaunliche Kreativität

Es geschieht nicht oft, dass Freundschaft geschieht, weil wir es wollen. Beziehungen entstehen häufig aus einer gemeinsamen Aufgabe heraus und wir werden dort dann auch immer wieder überrascht. Im Neuen Testament wurden die unwahrscheinlichsten Kandidaten aufgrund eines gemeinsamen Zieles in einer Freundschaft zusammengeführt, der Ausbreitung des Evangeliums und die Ergebnisse veränderten die Welt. Dies macht ein natürliches Ergebnis wahrer Freundschaft deutlich: Eine Gott hingegebene Gemeinschaft wird kreativ leben.

Die Kunstbewegung, bekannt als Kubismus, entsprang einer Zeit, in der Picasso und Georges Braque zusammenarbeiteten, „als wären sie gemeinsam an einen Berg gefesselt“[5]. Braque war der Freund Picassos und ein künstlerischer Mitarbeiter. Gemeinsam erforschten sie Ideen und definierten ihren Stil. „Fast jeden Abend ging ich entweder in Braque's Atelier oder Braque kam zu mir,“ erinnerte sich Picasso später. „Jeder von uns musste sehen, was der andere im Laufe des Tages getan hatte.“ Ihre Gemälde dieser Zeit hatten alle die gleichen Themen und bildeten sprichwörtlich ein Konzert. Braque erinnerte sich später,

5 Aus „Impressionism“ von Phobe Pool (New York: Thames and Hudson 1985) 88, 93, 95.

„Picasso und ich sagten einander Dinge, die niemals wieder gesagt werden...die niemand jemals würde verstehen können."[6]

Der Impressionismus wurde auf ähnliche Weise geboren. Claude Monet und Pierre-Auguste Renoir waren enge Freunde und Kollegen. Sie begannen 1869 gemeinsam am Ufer der Seine in Paris zu malen. Sie malten Schiffsszenen, Bootspartys und Menschen die am Fluss entlang spazieren gingen. Sie machten gemeinsame Entdeckungen über Licht und Schatten und fingen an, ihre Malstile zu variieren, um mit neuen Techniken zu experimentieren. Ihre Arbeiten aus jener Zeit sind kaum voneinander zu unterscheiden und es war diese Partnerschaft, die den Impressionismus hervorbrachte. [7]

So funktioniert Gemeinschaft auf natürliche Weise. Wir sammeln uns um ein gemeinsames Ziel und unsere Arbeit erhebt sich als Ergebnis unserer authentischen Freundschaft. Die *Inklings*, die Schriftsteller Gruppe um Tolkien, Lewis und Charles Williams, traf sich in einem Pub in Oxford, aber nicht wegen dem Ambiente. Ich war neulich in dem Raum im Pub *„The Eagle and Child"*, in dem sie sich damals trafen. Der Raum ist zu meiner Überraschung beengt und langweilig. Ich hatte mir diese großartigen englischen Akademiker in tiefen Ledersesseln versunken vorgestellt, um ein offenes Feuer, in der Hand die Humpen voll Bier, Freiraum auch einmal die Beine auszustrecken oder herumzulaufen, während sie sich gegenseitig Kapitel ihrer neuesten Bücher vorlasen.

---

6 Aus „Picasso und die Erfindung des Kubismus" von Pepe Karmel (New Haven, Conn.: Yale University Press, 2003) ,10.

7 Aus „Impressionism" von Phobe Pool (New York: Thames and Hudson 1985) 88, 93, 95.

In Wirklichkeit standen in dem Raum nur lange Bänke und hölzerne harte Stühle. Die Wände waren kahl, die Tapeten langweilig und kaum noch zu erkennen. Sie trafen sich hier nicht wegen des Komforts sondern wegen der Gemeinschaft. Tolkien schrieb später, „Hätte mich C.S.Lewis. damals nicht ermutigt, hätte ich niemals „*Den Herrn der Ringe*" vollendet oder zur Veröffentlichung angeboten."[8] Ich hatte ähnliche, wenn auch wesentlich weniger historisch bedeutsame Erfahrungen. Ich reiste fünf Jahre lang gemeinsam mit Rich Wilkerson, einem begabten Redner, durch Amerika und die Welt. Unsere Freundschaft wuchs, während wir Seite an Seite arbeiteten, Woche für Woche. Er unterstützte mich, wenn die Umstände für mich alles andere als einfach waren. Wir sprachen ausführlich über unseren Glauben und unsere Kämpfe und diese Gespräche schärften unser Denken. Vieles von dem was er sagte, fand seinen Weg in meine Lieder und ich glaube einiges was ich ihm sagte, erschien in seinen Reden und Büchern. Die künstlerische Synergie war stimulierend und auch sehr erfreulich. Unsere Freundschaft hält bis auf den heutigen Tag.

Finanzielle Großzügigkeit

Freunde sind ihrem Wesen nach auch großzügig. Sie haben etwas gemeinsam und müssen nicht einmal darauf hingewiesen werden. So lebte die erste Kirche. Lukas schrieb, dass die Gläubigen in Jerusalem alles gemeinsam hatten (Apostelgeschichte 2;44-45). Es gab finanzi-

8 Aus „Briefe von J.R.R. Tolkien von Humphrey Carpenter mit der Unterstützung von Christopher Tolkien. (Boston: Houghton Mifflin, 2000),366

elle Unterstützung (1.Korinther 16;3, Philipper 4;14-16). Paulus ermutigte gewisse Gemeinden immer wieder, ihre Güter miteinander zu teilen (2.Korinther 9;1-5).

Cindy und ich waren in den späten 70er Jahren gemeinsam mit ihrem Bruder Jeff Shively und Bill und Beni Johnson, Mitglieder einer Musikgruppe mit Namen Wild Olive unterwegs. Wir lebten in Redding in Kalifornien und reisten von einem kleinen Bergdorf zum nächsten, um dort zu singen. Eines Abends vergaßen wir meine Gitarre mitzunehmen, die seitdem nicht mehr auftauchte.

Ich war zu arm um mir eine neue Gitarre zu kaufen. Vielleicht sandte Gott mir eine Botschaft, „Schlag dir diese törichte Idee von Reisen und Singen aus dem Kopf! Bleib in der Bethel Church und sei glücklich damit, dort der Lobpreisleiter zu sein."

Einige Monate später, inmitten meiner Verzweiflung, baten uns Freunde aus Texas, Jim und Carla Miller, ob sie bei uns wohnen könnten. Jim landete mit seinem Flieger in Redding und fuhr direkt zu uns nach Hause. Er trat ein, legte den Gitarrenkoffer auf den Boden und öffnete ihn.

„Hey schaut mal, was der Herr getan hat," sagte er. Im Koffer war eine 1972 Martin D-28 Gitarre, wunderschön und teuer. Ich wusste, er hatte davon gesprochen, sich eine solche zu kaufen, also sagte ich ihm, wie wunderschön sie ist.

„Spiele sie" sagte er. Genau das tat ich, was für ein Sound! „Jim, das ist wirklich sehr nett!", sagte ich.

„Nun, sie gehört jetzt dir", antwortete er.

„Was!?", sagt ich.

„Ich bin nach Nashville, Chicago, Los Angeles und San Franzisco geflogen, um eine Gitarre für dich zu finden," sagte er, „und habe schließlich diese hier gefunden. Sie gehört dir. Ein Geschenk. Umsonst."

Ich war von seiner termingerechten Freigiebigkeit überwältigt. Wahrscheinlich war es ihm nicht bewusst, aber dies war ein entscheidender Augenblick, der mir den Mut gab, in meinem Dienst als Musiker weiterzumachen. Nicht viel später vollendete ich den Song „Lord, be glorified" auf dieser Gitarre. Die Gitarre hängt nun in meinem Tonstudio und ist eine ständige Erinnerung an die Güte meiner Freunde und die Güte Gottes.

Diese Art Taten gewinnen nur im Rahmen von authentischer Gemeinschaft ihre wahre Bedeutung. Wir sollten niemals die Gelegenheit verpassen, großzügig zu sein. Galater 6;10 sagt, *„Darum, solange wir noch Zeit haben, lasst uns Gutes tun an jedermann, allermeist aber an des Glaubens Genossen."*

Rivalität

Gemeinschaft schließt fast immer auch Rivalität mit ein. Es gab sie zwischen den Jüngern und später unter den Nachfolgern des Paulus, des Apollos und auch den Nachfolgern des Petrus. Wären sie Rockstars gewesen, wäre es zu einem Wettkampf zwischen den Bands gekommen und jeder Gitarrist hätte versucht den vorherigen zu übertreffen und hätte die Latte ein wenig höher gehängt.

An einem schönen Sommerabend in Kalifornien vor einigen Jahren gaben Cindy und ich einmal eine kleine Dinnerparty gemeinsam mit Phil Keaggy, Lincoln und Laura Brewster und einigen weiteren Musikern. Im Verlauf des Abends füllte sich der Raum mit ihren Geschichten, jede wurde größer und reichhaltiger. Einer erzählte die Geschichte, wie er Ringo Starr die Griffe zu seinem eigenen Lied beibrachte, nachdem sie die ganze Nacht durch Conga getanzt hätten, ein weiterer erzählte, wie er mit Paul McCartney in Italien gejammt hätte. Lincoln erzählte davon, wie er einmal während einem Barbara Streisand Konzert in Los Angeles gemeinsam mit seinem Bandleader Steve Perry, dem früheren Sänger der Band Journey, Backstage gewesen sei. Es machte großen Spaß, ihnen zuzuhören, wie jeder versuchte den anderen zu übertreffen. Wir haben an diesem Abend viel gelacht. Es machte Spaß und im Geiste freundlicher Rivalität kann man sagen: „Eisen schärft Eisen"

Ich finde es erfreulich, auch in der Welt der Kunst von großartigen Rivalitäten zu lesen, weil dies mir sagt, dass selbst die besten Maler, Schriftsteller und Bildhauer von diesen niederen Leidenschaften nicht ausgenommen sind. Eines meiner Lieblingsbeispiele hier sind Leonardo da Vinci und Michelangelo, die einander die größten Rivalen und extrem gegensätzlich waren. Da Vinci war gut aussehend und voller Mitleid. Er wurde erst als Musiker bekannt. Die Menschen hörten ihm gerne zu, wenn er die Lyra spielte, es war nett ihn anzuschauen und ihm zuzuhören. Er war gesellschaftlich akzeptiert und eine der berühmten Persönlichkeiten seiner Tage.

Michelangelo andererseits war vergleichsweise gnadenlos. Er hatte ein raues Erscheinungsbild, kleine Augen und eine platte Nase. Er besaß keine nennenswerten sozialen Fähigkeiten, war voller Misstrauen, sensibel, schnell wütend, sarkastisch und schroff. Er mochte es nicht einmal unter Menschen zu sein. Während da Vinci sich Bewunderer schaffte, machte sich Michelangelo Feinde sobald er sein Atelier verließ. Es machte ihm keinen Spaß, Essen oder andere Vergnügungen zu genießen, er vergrub sich in seine Arbeit. Er aß nur wenn es notwendig war, kaute auf Brot herum, während er an einer Statue arbeitete. Er schlief nur wenn es nicht mehr anders ging und ging meistens voll bekleidet ins Bett und trug dabei sogar noch seine Schuhe. Er schwang wild zwischen grenzenlosem Optimismus und untröstlicher Depression hin und her.[9]

Kein Wunder also, dass Michelangelo in Da Vinci nicht nur seinen Rivalen, sondern sogar seinen Feind sah. Er war wütend auf ihn und beneidete ihn. Und dennoch, ihre Rivalität spornte beide zu noch großartigeren Werken an. Einmal wurden beide Künstler damit beauftragt, Wandgemälde von heldenhaften Szenen der florentinischen Geschichte zu malen, um damit Teilbereiche der Halle des Großen Rates in der Palazzo della Signoria zu schmücken. Michelangelo hatte das Malen nie besonders gemocht, „Malen ist nicht mein Ding", sagte er einmal zum Papst, er bevorzuge das Arbeiten mit einem Stein. Aber er wollte Leonardo auf seinem eigenen Terrain herausfordern. Das Ergebnis war eines der großartigsten Kunstwerke ihrer Zeit.

Da Vinci malte, in der ihm gewohnten Art, seinen Teil der Mauer frühzeitig und methodisch, nahm sich mehr als ein Jahr Zeit, das Bild zu entwerfen und schließlich zu vollenden. Michelangelo begann, typisch für ihn, acht Monate später, griff das Projekt dann jedoch mit derartiger Leidenschaft an, dass es ihn selbst in die Erschöpfung

---

9 Aus „Die Welt des Michelangelo 1475 - 1564" von Robert Coughlan (Alexandria, Va.: Time-Life Books 1966), 86-87.

trieb. Sein Tempo war bei weitem schneller als das Leonardos. Die Menschen in Florenz begannen für ihren künstlerischen Favoriten zu wetten, wie wir heute auf unsere Lieblingsmannschaft wetten. Der große Wettkampf war eröffnet.

Eine Zeit lang kamen Künstler von überall her, um den Fortschritt der beiden Werke zu begutachten. Unter anderem auch Raphael und Cellini, der in seiner Autobiographie folgendes schrieb, „für die Zeit, in der die Wandgemälde Bestand hatten, dienten sie als Anschauungsunterricht für die ganze Welt.“[10]

Die Mauer wurde jedoch niemals fertig und schließlich zerstört. Leonardo hatte, wie es seine Gewohnheit war, mit seinen Materialien experimentiert, um sie an die Wand zu bringen. Die Farben veränderten sich jedoch im Laufe der Zeit und manche schmolzen wieder ab und verliefen auf der Oberfläche. Er hat das Werk dann abgebrochen.

Michelangelo wurde von einem neuen Papst berufen, um Projekte in Rom voranzubringen und hinterließ seinen Teil der Mauer ebenfalls unvollendet. Die Wandgemälde überlebten den Lauf der Zeit nicht. Aus diesem Grund kann man die Ergebnisse dieses großartigen Wettstreits leider nicht mehr sehen. Beide Männer spornten sich jedoch zu noch größeren Höhen an und bildeten im Verlauf des Prozesses durch ihr Vorbild eine neue Generation von Künstlern aus. [11]

Da Vinci schrieb in sein Tagebuch, vielleicht in Anspielung auf diese Erfahrung:

---

10 Aus „Die Autobiographie von Benvenuto Cellini von Benvenuto Cellini (New York: Penguin, 1998), 18

11 Aus „Die Welt des Michelangelo 1475 - 1564“ von Robert Coughlan

„Ich sage und bestehe darauf, dass im Wettstreit miteinander zu malen weitaus besser ist als alleine und das aus vielerlei Gründen. Der erste ist, dass du dich, wenn du schwach bist, schämen würdest, von einer Gruppe von Malern gesehen zu werden. Dieses Gefühl der Scham wird dich zu sorgfältiger Arbeit anspornen. Zweitens: ein ganzheitlicher Neid wird dich anregen, sich denen anzuschließen, die noch bekannter sind wie du, denn das Lob der anderen wird dich anspornen. Ein weiterer Grund besteht darin, dass du von den Zeichnungen derer lernen kannst, die besser sind also du und wenn du besser bist als die anderen, kannst du in deiner Geringschätzung von ihren Fehlern profitieren und das Lob der anderen wird dich zu weiterer Anstrengung anspornen."[12]

Lewis und Tolkien waren sowohl Freunde als auch Rivalen. Tolkien war ständig besorgt, dass Lewis sich unbewusst Ideen aus Tolkiens damals noch nicht veröffentlichtem *„Herr der Ringe"* ausleihen würde und diese in seiner eigenen Fantasy-Buchreihe *„Die Chroniken von Narnia"* verwenden würde. Tolkien's Verhalten seinem Freund gegenüber war manchmal herablassend und abfällig: „Ich habe gerade eine Ausgabe von C.S.Lewis's neuesten *„Studies in Words"* in die Hände bekommen. Ach, seine grenzenlose Dummheit wird allmählich zur Gewohnheit " schrieb er einmal in einem Brief. „Ich bin zutiefst erleichtert, dass ich darin keine Erwähnung finde."[13]

12 Aus „Auszüge aus den Notizbüchern von Leonardo da Vinci" von Irma A.Richter (London: Oxford University Press, 1952), 220-21.

13 Aus „Briefe von J.R.R. Tolkien von Carpenter, 302

Rivalität stimuliert. Die Jünger waren vor dem Tod und der Auferstehung Jesu Rivalen und mir scheint es, als würde sich dieser Geist von gesundem Wettstreit durch ihr gesamtes Leben ziehen. Man muss nur einmal an die Ansprache des Paulus denken, worin er festhielt, *„Ich denke nicht, dass ich diesen „Super-Aposteln" in irgendetwas nachstehe. Ich mag kein ausgebildeter Redner sein, aber ich habe Erkenntnis." (2.Korinther 11;5-6).* Oder seine Schlussfolgerung, dass er nicht auf dem Werk eines anderen aufbauen wolle (Römer 15;20).

Ungesunder Wettbewerb? Vielleicht, aber ich gehe davon aus, dass wir hier die Beispiele anderer sehen sollen, damit wir unser eigenes Werk mit größtmöglicher Energie und Gewissenhaftigkeit weiter voranbringen.

Veränderung

Die meisten von uns planen das Ende unserer Beziehungen nicht mit ein, warum sollte etwas derart kreatives, aufbauendes und wunderschönes jemals enden? Und doch gehen viele Beziehungen, sogar die besten, noch vor unserem Lebensende zu Ende. Vielleicht bewirken Kräfte von außen die Trennung von Freunden, wie es mit David und Jonathan im Alten Testament geschah. Vielleicht bewirken innere Kräfte, starke Persönlichkeiten, unterschiedliche Sichtweisen der Zukunft und so weiter, dass zwei Freunde getrennte Wege gehen, wie es bei Paulus und Barnabas der Fall gewesen war. Ein anderes Mal enden Freundschaften in beiderseitigem Einvernehmen, aber sie enden.

Wir sollten davon nicht überrascht sein. Jede Geschichte hat ein Ende und ein Song kann auch nicht ewig weitergehen. Beziehungen sind wie das Leben selbst, dynamisch und der Veränderung unterworfen. Wenn wir versuchen, eine Gemeinschaft (oder eine Freundschaft, eine Gemeinde oder einen Dienst) über die ihr bestimmte Zeit hinaus zu bewahren, wird dies zu einer von Menschen gemachten Angelegenheit und ist nicht mehr länger authentisch oder kreativ.

Vincent van Gogh und Paul Gauguin malten und lebten im Herbst und Winter des Jahres 1888 gemeinsam in der Provence. Ihr Ziel damit war es Geld zu sparen und eine idealistische Künstlergemeinschaft zu erschaffen.[14]

Dennoch diskutierten die beiden Maler ständig miteinander und manchmal wurde Vincent dabei sogar gewalttätig. Eines Abends, kurz vor Weihnachten wurde er so wütend, dass er Gauguin in einem Cafe ein Glas an den Kopf warf. Nach einer weiteren Diskussion schwang er ein Rasiermesser gegen ihn. Vincent schnitt sogar einen Teil seines eigenen Ohrläppchens ab, um seinen Freund zu ärgern. Eine der berühmtesten Perioden der Kunstgeschichte war das Ergebnis einer langsam zerfallenden Freundschaft.[15]

C.S.Lewis und J.R.R.Tolkien, deren Bücher einen solchen Einfluss auf mein Leben und die vieler anderer hatten, hatten ein Erlebnis, das ihre Freundschaft zum Ende brachte. „Ja, C.S.Lewis war mein engster Freund von 1927 bis 1940 und ist mir immer noch nah," schrieb Tolkien. „Aber wir sahen uns immer seltener nachdem er unter den beherrschenden Einfluss von Charles Wil-

14 Aus „Van Gogh und Gaugin: Die Suche nach einer heiligen Kunst" von Debora Silvermann (New York: Farrer, Straus and Giroux, 2000),3.

15 Debora Silvermann (New York: Farrer, Straus and Giroux, 2000), 271

liams geriet und sahen uns noch weniger nach seiner sehr merkwürdigen Hochzeit.“[16]

Im Jahre 1879, zehn Jahre nachdem er gemeinsam mit Pierre-Auguste Renoir den Impressionismus erfunden hatte, sagte Claude Monet über seinen Impressionisten-Freund: „Ich sehe selten die Männer und Frauen, die meine Kollegen sind. Die kleine Kirche wurde zur banalen Schule, die ihre Pforten für die erstbesten Kleckser öffnete.“ Streitgespräche, Erfolg, Krieg und Armut trieben die Gruppe auseinander. Renoir verließ schließlich den Impressionismus um sich anderen Malstilen zuzuwenden. [17]Manchmal verlieren wir unsere Gemeinschaft sogar durch Tod. Leonardo da Vinci und Raphael starben beide innerhalb eines Jahres und ließen Michelangelo die kommenden fünfundvierzig Jahre seines Lebens als den einsamen Leuchtturm der europäischen Kunst alleine zurück. [18]

Versöhnung

Wenn wir uns die natürliche Ebbe und Flut von Beziehungen so gnädig wie möglich betrachten, entdecken wir normalerweise, dass Gott uns genau in die Art von Gemeinschaft hineinbringt, die wir gerade in *dieser* Phase unseres Lebens benötigen. Und manchmal werden diese alten Beziehungen vielleicht wieder hergestellt und neu ausgerichtet.

Nachdem Vincent van Gogh sich sein Ohr in einem Wutanfall auf Paul Gauguin abgeschnitten hatte, schrieben

---

16 Aus „Briefe von J.R.R. Tolkien von Carpenter, 302

17 Aus „Impressionism“ von Phobe Pool (New York: Thames and Hudson 1985) 88, 93, 95.

18 Aus „Die Welt des Michelangelo 1475 - 1564“ von Robert Coughlan

sich beide weiterhin persönliche Briefe und nette Worte, bis zum Tode von Vincent. Die Beziehung fand, obwohl es so aussah als wäre nichts mehr zu retten, einen neuen Ausdruck.

Tolkien und Lewis haben sich ebenfalls nie vollständig im Stich gelassen. Tolkien konnte schreiben, „Jedoch schulden wir jeweils dem anderen eine ganze Menge und diese Verbindung mit ihrer tiefen Zuneigung, die in ihr liegt, bleibt bestehen“. [19]

Tips für Gemeinschaft

Aufgrund der oben beschriebenen Beobachtungen hier nun einige wenige Empfehlungen für erfolgreich verlaufende Beziehungen:

Genieße wahre Freunde. Sie sind eine Gabe Gottes. Paulus schien sämtliche Freunde, die er im Verlauf seiner Missionsreisen kennenlernte, zu schätzen. Er schrieb *„Ich freue mich über die Ankunft des Stephanas und Fortunatus und Achaikus; denn sie haben mir euch, die ihr nicht hier sein könnt, ersetzt. Sie haben meinen und euren Geist erquickt. Erkennt solche Leute an!“(1.Korinther 16;17-18)* Er nannte Tychikus einen geliebten Bruder (Epheser 6;21), nannte Lukas den geliebten Arzt (Kolosser 4;14) und begann so gut wie jeden seiner Briefe mit einem Ausdruck des Dankes an seine Freunde und Mitchristen.

Lass Rivalität dich nicht entmutigen. Rivalität kann dich zu größeren Höhen anspornen. Möglicherweise

19 Aus „Briefe von J.R.R. Tolkien von Carpenter, 302

hat Gott dich aus genau diesem Grund in eine Gemeinschaft hinein gestellt. Vielleicht ist das, was du als Rivalität erlebst, Gottes Führung und Leitung in eine neue Richtung. Wenn du dich in ungewolltem Wettstreit mit jemandem aus deinem Freundeskreis wiederfindest, stell dir einfach nur Lennon und McCartney vor, oder wie Jazzmusiker ihre Soli vermarkten. Lass dich anspornen und der göttlichen Kunstfertigkeit in dir Raum geben.

Gib alles mit Enthusiasmus. Wahrhaftige Gemeinschaften sind höchst produktiv und kreativ. Wenn du dich in einer solchen wiederfindest, nimm das nicht als selbstverständlich hin. Wirf dich in diese Aufgabe hinein, wie ein Künstler sich selbst vollkommen seinem gerade aktuellen Kunstwerk hingibt. Sei wie Michelangelo: Geh mit deinen Stiefeln ins Bett.

Helft einander. Gemeinschaften eröffnen uns großartige Gelegenheiten, so zu leben wie damals die ersten Christen, die sich gegenseitig in ihren Bedürfnissen halfen und alles miteinander teilten. Als Rich Wilkerson und ich einmal gemeinsam eine Woche in Texas unterwegs waren, rief Cindy mich an, um mir von einem Schreiben der IRS zu erzählen. Dieses Schreiben verstanden wir dahingehend, dass sie uns eine Erhöhung der Hypothek auf unser Grundstück in Höhe von mehreren tausend Dollar ankündigten. Wir hatten keine Ahnung, was der Grund dafür sein könnte. Als ich Rich davon erzählte, bot er mir sofort alles Geld an, was er hatte, falls ich es brauchen sollte. Das Schreiben beruhte dankenswerterweise auf einem Fehler der IRS aber es diente mir als ein

Beispiel dafür, welchen treuen Freund ich in Rich hatte.

Erkenne an, dass Gemeinschaften unterschiedlich sind. Wenn du dort bist, wo du hingehörst heißt das nicht, dass dich dort jeder mag. Die erste Kirche war voller unterschiedlichster Menschen, manche waren reich, andere arm, manche Juden, andere Heiden. Sogar die Bestimmung des Paulus als Apostel für die Heiden zeigt, dass ein miteinander geteiltes Ziel und Leidenschaft für die Aufgabe, das Problem von unterschiedlicher Abstammung oder Volkszugehörigkeit, übersteigt. Sei also nicht überrascht, wenn die Gemeinschaft zu der Gott dich ruft nicht deiner genauen Demographie entspricht.

Cindy und ich hatten das Vorrecht, gemeinsam mit Danniebelle Hall, eine der wahren Gospel-Königinnen, durch den Südwesten zu touren. Manchmal waren wir die einzigen Weißen im Publikum, es war aber niemals ein komisches Gefühl. Wir alle liebten Jesus und -Mann-, erlebten wir Kirche!

Mach dich nicht abhängig von dem, der die Verantwortung trägt. Kürzlich erzählte mir ein Pastor von einem Treffen mit einigen anderen Pastoren in seiner Stadt. Sie wollten ihre christlichen Schulen zu einer gemeinsamen Schule zusammenlegen. Im Verlauf dieser Diskussion sagte der Pastor der größten Gemeinde, „Wisst ihr, einer von uns muss der Leitwolf in dieser Situation sein und ich wäre mehr als bereit dafür, dieser zu sein." Mein Freund sagte mir, dieser Typ müsste schon immer der Chef von allem sein. Er könnte niemals jemand anderes, als der Leitwolf sein.

Andererseits hat Franziskus von Assissi, der Gründer des Mönchsordens, der seinen Namen trägt, bereitwillig die Leitung der Franziskaner an einen anderen Priester abgegeben, anstatt seine Position zu verteidigen, was zu einem lang andauernden Konflikt hätte führen können. Er „hielt nicht an seinem Vorrecht fest“ (Philipper 2;6, Phillips) sondern machte sich selbst zum Sklaven. Die Geschichte erzählt von diesem anderen Priester nur im Licht des Franziskus von Assisi.

Mir ist aufgefallen und dir vielleicht auch schon, dass heutzutage manche im Dienst sehr in ihrer Rolle oder geistlichem Amt in der Gemeinde aufgehen. Ich habe Menschen kennengelernt, die sich Apostel „So-und-So“ nannten, oder Vorsitzende „So-und-So“ oder Prophet „der-und-der“ es schien, als würden sie ihren Titel weitaus mehr lieben als die eigentliche Aufgabe. Soweit ich es aber überblicke sind die Aufgaben in der Gemeinde keine Titel sondern Arbeitsplatz Beschreibungen. Sie sollen einem keinen höheren Platz in der Hierarchie der Familie Gottes gewähren sondern die Pflichten hervorheben, die dieser Person anvertraut worden sind. Dies scheint mit dem Charakter Gottes weit mehr in Einklang zu sein.

Hierarchische Leiterschaft ist immer ein Kampf um Position, ein Kräftemessen und eine Beurteilung der Wichtigkeit von Menschen in Bezug zu einander. Mit anderen Worten, es ist eine Gleichung. John Wesley sprach davon, dass persönlicher Ehrgeiz der größte Schaden für die Bewegung Gottes sei. Denke immer daran, der Herr aller ist auch immer der Diener aller.

Lerne alleine stark zu sein.

Gemeinschaften funktionieren nur dann, wenn jeder Einzelne eine starke Verbindung zu Gott hat und nicht nur zueinander. So wichtig die Gemeinschaft der Gläubigen auch ist, Jesus berief uns zu allererst in eine Gemeinschaft zu sich persönlich. Unsere Beziehung mit Gott muss in der persönlichen, intimen und nahen Erfahrung von ihm gegründet sein. Niemand anderes kann für uns vor Gott stehen oder Antwort geben. Niemand kann unseren Platz auf der Scheibe des Töpfers einnehmen. Es gibt keine Stellvertreter-Christen. Die Zugehörigkeit zu einer lebendigen Gemeinschaft von Christen ist kein Ersatz für die stärkende, lebensverändernde und Freude gebende Erfahrung, zu der wir das Vorrecht haben von Jesus eingeladen zu sein – von Angesicht zu Angesicht.

Dies trifft auf jedes Kunstwerk zu. Jedes Wort und jede Note eines Liedes das ich schreibe, bekommt meine volle Aufmerksamkeit. Maler schauen sich jede Farbwahl und jeden Pinselstrich einzeln an. Wenn wir die Gemeinde mit einem Mosaik vergleichen ist jedes einzelne Stück davon für sich alleine wie auch im größeren Zusammenhang des Kunstwerks erschaffen und vollkommen. Genauso ist es mit dir. Gott möchte dir nicht nur im Rahmen der Gemeinschaft der Gläubigen begegnen. Er möchte auch mit dir alleine sein, dich auf den Schleifstein legen, den Ton deines Lebens nehmen und formen; zuallererst in der Einsamkeit des Gebets. Wahre Gemeinschaft mit anderen wird nur ihren von Gott verliehenen Reichtum entfalten können, wenn sie in unserem Einüben der Stille und dem Alleine sein mit Gott verwurzelt ist.

Gemeinschaften kommen und gehen.

Du bist vielleicht traurig darüber, dass Freundschaften auseinandergehen, bleib aber nicht an diesem Punkt stecken. Paul McCartney hatte die Band „Wings" nach den Beatles. John schrieb einige seiner besten Songs als Solomusiker. Tolkien beendete *Herr der Ringe* nachdem er sich von Lewis entfremdet hatte. Gott wird uns von Gemeinschaft zu Gemeinschaft führen. Wenn du diesen Weg richtig gehst, wirst du keine Freunde verlieren, wenn du in das nächste Netz von Beziehungen einsteigst.

Schätze diese langjährigen Beziehungen.

Es wird wahrscheinlich eine Zeit kommen, dass du diese alten Freunde wiedersiehst. Alte Rivalen werden oft später im Leben die besten Freunde. Vielleicht ist dieses Bekräftigen alter Freundschaften der Weg Gottes, uns bewusst zu machen, dass wir alle zu einer ewigen Gemeinschaft gehören. Wir werden am Ende alle zusammen sein, wenn sein Kunstwerk in uns bereit ist zur Aufführung.

4

Die Kunst der geistlichen Disziplinen

Es ist eine Sache, Disziplin zu loben und
eine andere, sich ihr zu unterwerfen.
Miguel De Cervantes

Finden wir nicht unsere Freiheit entlang
den Richtlinien der Disziplin?
**Yehudi Menuhin, amerikan-
ischer Violinist und Dirigent**

Disziplin ist keine Beschränkung son-
dern eine Unterstützung für die Freiheit
Wayne Thiebaud, amerikanischer Pop-Künstler

Eine der falschen Schlussfolgerungen die man beim Lesen dieses Buches ziehen könnte, ist folgende: „künstlerisch" zu leben bedeutet, auch im geistlichen Leben, eine locker, entspannte Lebensweise zu entwickeln. Im Leben wahrer Künstler findet sich nichts Undiszipliniertes. Ein fauler Künstler ist ein fauler Künstler, wie ein fauler Sportler auch ein fauler Sportler ist und ein fauler Unternehmer ist nichts anderes als ein fauler Unternehmer. Jeder wahre Künstler (oder Sportler oder Unternehmer) wird über die Vorstellung lachen, dass sein Handwerk ohne Disziplin erfolgreich werden könnte.

Jim Miller, der christliche Sänger, der mir die Martin Gitarre geschenkt und mich eine Zeit lang unter seine Fittiche genommen hatte, war ein großes Beispiel für mich als ich jung war und noch ein Greenhorn als Musiker. Es war für mich in meinem frühen Leben als Musiker eine Ehre, als er mich fragte, ob er einen meiner Songs „Skipping on the Mountains" aufnehmen dürfe. Ich hatte das Gefühl jetzt erst zu einem wahren Songwriter gereift zu sein. Jim lud mich sogar ein, den Gitarrenpart des Songs zu spielen, als er ihn im südlichen Kalifornien in seinem Studio aufnahm. Bis zu diesem Zeitpunkt war mir keine größere Ehre zuteil geworden.

Ehe ich mich versah, fand ich mich zum ersten Mal

in einem richtigen Aufnahmestudio wieder. Der Produzent führte mich in einen Raum auf der anderen Seite der Glaswand gegenüber dem Aufnahmeraum. Bis auf ein Mikrofon und einen Stuhl auf dessen Lehne ein Kopfhörer hing war er vollkommen leer. Er lies mich setzen und erklärte mir, dass ich die anderen Instrumente und Stimmen in meinem Kopfhörer hören würde mit einem „click track", einem Metronom, dass Musikern dabei hilft im Rhythmus zu bleiben. Ich hatte niemals vorher mit einem Metronom gespielt, was sich auch sehr bald zeigte. Mein Gitarrenspiel war überall und nirgends. Das Metronom und sein Klicken war dieses schlüpfrige Etwas, das man unmöglich über längere Zeit ignorieren konnte und es schien immer schneller oder langsamer zu sein als der Rhythmus in meinem Kopf. Ich konnte das Klicken, das ich hörte, einfach nicht mit dem Timing in meinem Kopf zusammenbringen. Jim und der Produzent waren gnädig mit mir, am Ende aber ersetzen sie meinen Part.

Ich kam nach dieser Erfahrung nach Haus und war fest entschlossen an meinem Timing zu arbeiten. Ich fing an, manchmal stundenlang, mit einem Metronom zu üben. Ich hörte mir den vorläufigen Mix von Jim's Album an und die Scham über mein schlampiges Spielen trieb mich nur noch mehr zum Üben. Wenn sich meine Familie gemütlich im Wohnzimmer versammelte, saß ich alleine in meinem kleinen Studio/Büro und spielte den gleichen Song immer und immer wieder, bis ich das richtige Timing verinnerlicht hatte. Manchmal blieb ich fast bis zum Morgengrauen wach, Kopfhörer auf und spielte Gitarre zu dem Klicken des Metronoms.

Es war nicht einfach und die Perfektion kam nicht

durch eine spontane Gabe Gottes oder eine Gebetserhörung. Es war harte und einsame Arbeit. Ich brauchte Jahre bis ich die Lektion gelernt hatte. Eines Tages, während einer Aufnahme-Session im Studio, bemerkte ich etwas seltsames und wunderbares, je besser mein Timing wurde, desto weniger hörte ich noch das Klicken des Metronoms. Immer wenn ich auf den Punkt spielte, verschwand das Klicken unter meinem Klang. Ich kam schließlich so weit, dass ich einen ganzen Song spielen konnte und nur noch den Einzähltakt des Metronoms zu Beginn des Songs hörte. Dies hört sich jetzt vielleicht nicht nach einer großen Sache an, aber für einen jungen Musiker war es etwas Großartiges einen solchen Fortschritt zu erleben. Je näher ich der Perfektion meiner Kunst kam, desto weniger kontrollierte oder schränkte mich das Klicken ein. Statt Beats zu verpassen und durch jedes Klicken immer wieder erbarmungslos dafür zurechtgewiesen zu werden, konnte ich nun spielen ohne mir des Klickens bewusst zu sein. Es war immer noch da, ich konnte aber über ihm tanzen. Ich lernte sogar zu „swingen", ein Begriff den Musiker für das künstlerische Spiel mit dem Rhythmus verwenden, statt ihm einfach nur beim Spielen zu folgen. Das Klicken wurde so etwas wie ein Tanzpartner und ich war der Führende von uns beiden. Ich hatte den Klick bezwungen, denn er hatte dies zuerst mit mir getan.

Geistliche Disziplinen sind dem Klicken eines Metronoms sehr ähnlich. Es braucht Aufwand und Disziplin, Fähigkeiten zu entwickeln, die dann am Ende zur Freude werden. Es ist einfach, sich an den Beschränkungen durch geistliche Disziplinen zu reiben. Manche Menschen empfinden sogar, dass sie ohne sie leben können. Für mich sind diese „befreiten Christen“ wie die jungen verrückten Gitarristen, die ihre wilden Soli in den Musikläden spielen. Sie hören sich alleine großartig an, weil sie in Gedanken die Musik ihrer Lieblingsband spielen, können jedoch mit einer realen Band oder im Tonstudio keinen vernünftigen Ton spielen, weil ihnen das Timing fehlt. Gut spielen erfordert Disziplin. Es ist der disziplinierte Tänzer, der anmutig ist, der disziplinierte Maler der ein Meister ist und der disziplinierte Musiker, der uns zu Tränen rührt. Gott nutzt die geistlichen Disziplinen genauso um uns zu zähmen, bis wir sie für uns gezähmt haben. Am Ende werden die Disziplinen in den Hintergrund treten, weil sie fest in unsere Lebensstruktur eingebaut wurden.

Einer der hervorragendsten Gitarrenspieler der Welt erzählte mir einmal, dass er nicht einmal darüber nachdenken muss, was er spielt. „Wenn ich es mir vorstellen kann, kann ich es auch spielen. Es fließt einfach nur aus meinen Fingern,“ sagte er. Aber er gelangte nur durch jahrelanges, zermürbendes und langweiliges Üben an diesen Punkt, Skalen, Intervalle und Akkordumdrehungen, immer und immer wieder. Der Autor Malcolm Gladwell schreibt in seinem Buch *Outliers*, dass der Schlüssel zur Fertigkeit eines Experten, in welchem Bereich auch immer, in zehntausend Stunden Übung liegt, und den Blasen an den Händen des Gitarristen, die diesen Preis bestätigen.

So frei wir auch in Christus sind, das geistliche Leben benötigt dennoch Disziplin, eine Menge Disziplin. Ein Freund von mir, der sich die erste Version meines Buches anschaute, dachte, ich sei in Teilen zu sehr fordernd und schlug vor, es sanfter zu formulieren. Ich aber entgegnete darauf, dass Gott hier genauer sei als jeder gesetzliche

Christ. Wir würden von einem großartigen Künstler auch nichts anderes erwarten. Er zielt in allem was er tut auf Vollkommenheit. Gott ist zugleich auch voller Erbarmen, liebt seine Feinde und bedeckt unsere Sünden.

Gnade ersetzt nicht die Notwendigkeit von Disziplin oder widerlegt das Gesetz von Säen und Ernten. Wenn du nach einer Abkürzung, ein reifer Christ zu werden suchst, wirst du diese hier nicht finden. Als Künstler und Glaubensgenosse kann ich dir sagen, dass Kunst und der Lebensweg eines Christen außerordentlich viel an Disziplin erfordern. Die gute Nachricht ist, dass das Ziel von Disziplin in der Beherrschung liegt und Beherrschung uns letztendlich die Freiheit ermöglicht, zu einem großartigen Kunstwerk zu werden.

Den Zehnten geben

Den Zehnten geben ist Mathematik, Großzügigkeit hingegen eine Kunst. Dennoch lernen wir durch „den Zehnten" geben, kunstvoll und großzügig zu leben. Erinnere dich, Mathematik dient der Kunst.

Gott rief die Israeliten dazu auf, den zehnten Teil aller Früchte ihrer Hände Arbeit zu opfern. (was für eine kunstvolle und weise Idee! Statt einer festgelegten Summe gaben sie alle in Bezug auf den durch sie erwirtschafteten Gewinn.) Die Frage ist nicht, ob Christen im neuen Bund nun den Zehnten geben sollen oder nicht (führe diese Diskussion bitte mit jemandem der dir nahe steht, nicht mit mir), kann und muss die Disziplin des Gebens durch Einüben zur Gewohnheit der Freigiebigkeit werden. Wir lernen Großzügigkeit dadurch, indem wir die Disziplin des regelmäßigen Gebens ausüben.

Die Wahrheit ist, dass Gott gar keine zehn Prozent von dem haben möchte, was dir gehört, er möchte alles! Er ruft dich nicht dazu auf, sorgfältig die Minze, den Anis und Kümmel durch zehn zu teilen, wie es die Pharisäer zur Zeit Jesu taten, er ruft dich dazu auf, ihm alles zu geben, alles was du hast und was du bist. Wenn wir eine strikte Zählung unserer Beiträge beibehalten, werden wir nicht besser als der Diener, der seinen Herrn fürchtete und deshalb sein Investmentkapital vergrub. Das künstlerische Leben lebt sich aus in Großzügigkeit und Opferbereitschaft.

Manche Menschen diskutieren jahrelang, ob sie den Zehnten geben sollten oder nicht und an wen und ob sie den Zehnten vom Netto oder vom Bruttoeinkommen geben sollen, ob am Ende eines Monats oder sofort nach der Gehaltsüberweisung. Diese Fragen sind häufig symptomatisch für jemanden, der es noch nicht gelernt hat, großzügig zu sein. Wahre Großzügigkeit wischt solche Fragen mit einer großherzigen Armbewegung vom Tisch. Wenn wir aufgefordert sind zu geben, sollten wir nicht anfangen jeden Cent zu zählen. Großzügigkeit rundet auf. Sie geht über das Limit, genauso wie Gott das tut.

Einer der großzügigsten Menschen, den ich jemals kennengelernt habe, ist ein Pastor aus Michigan, der scheinbar immer gibt. Als ich seine Gemeinde besuchte, waren die Opfer dort immer sehr großzügig. Wenn wir gemeinsam Essen gingen gab er der Bedienung immer unverschämt viel Trinkgeld. Wenn er den Eindruck hatte, es würde eng mit dem Geld, schrieb er sofort einen Scheck über eintausend Dollar für einen anderen Dienst aus, einfach nur um die aufkeimende Knausrigkeit loszuwerden. Dieser Mann hatte sich von der Disziplin des Gebens hin zur Freude des Gebens entwickelt - und es macht Spaß in seiner Gesellschaft zu sein! Seine Haltung ist ansteckend und es ist jetzt keine Überraschung, dass seine große Gemeinde einer der besten Orte ist, um anzubeten.

Wenn ich an über die Grenze gehende Großzügigkeit denke, wandern meine Gedanken immer wieder zu dem lebensverändernden Ereignis in *Les Miserables* von Victor Hugo. Der Priester überreicht Valjean auch noch den silbernen Kerzenständer, nachdem dieser den Restbestand des Geschirrs gestohlen hatte. Dies war so absurd und überraschend, dass es das Weltbild von Valjean zum Einsturz brachte und es ihm ermöglichte, mit seinen Gedanken außerhalb von Mathematik zu leben und zum Künstler zu werden.

Gott betrachtete Großzügigkeit schon immer als Kunst und nicht als Mathematik. Erinnere dich an diese Ermahnung aus dem Alten Testament: *"Sage den Israeliten, dass sie für mich eine Opfergabe erheben von jedem,* ***der es freiwillig gibt****. " (2.Mose 25;2,* Betonung durch den Autor) Gott legte keine Prozentzahl vor und forderte diese von jedem. Er gestattete jedem freiwillig. In gleicher Weise sprach Gott mit Mose in *5.Mose 15;10 „ Sondern du sollst ihm geben und dein Herz soll sich's nicht verdrießen lassen, dass du ihm gibst; denn dafür wird dich der HERR, dein Gott, segnen, in allen deinen Werken und in allem, was du unternimmst."* Gott geht es eindeutig in erster Linie um die Herzenshaltung. Dies stimmt hervorragend überein mit dem, was Paulus in 2.Korinther 9;7 schreibt:

„Ein jeder, wie er's sich im Herzen vorgenommen hat, nicht

mit Unwillen oder aus Zwang; denn einen fröhlichen Geber hat Gott lieb.“

Ich war einmal mit einer Gruppe christlicher Musiker und Redner gemeinsam nach Honduras unterwegs, wir wollten uns die Arbeit von Compassion International einmal näher anschauen. Wir besuchten an einem Tag um die Mittagszeit eine Schule und wurden dort zur Essensausgabe mit eingeteilt. Während wir mithalfen, den hungrigen Kindern Essen auszuteilen, machte ich während einer kurzen Pause eine irgendwie irreale Beobachtung. Hier waren weithin bekannte Namen der christlichen Szene dabei, Becher mit Saft oder Teller voller Reis mit Bohnen hin und her zu tragen, triefende Nasen zu putzen, schmutzige Hände zu schütteln und gaben sich selbst als Diener für diese Kinder, den Ärmsten der Armen. Nach dem Essen saßen wir am Rande einer klapprigen Bühne im Garten der Schule und beobachteten, wie einige der Gruppe mit den Kids Fußball spielten und wieder andere der Musiker herumklimperten. Dr. Wess Staffort, der Vorsitzende von Compassion erzählte mir von einer Zeit vor Jahren während einer ähnlichen Reise, als der Sänger, der mit uns dort saß, einem kleinen Jungen seine Gitarre geschenkt hatte, der besonderes Interesse an ihr gezeigt hatte. Dieser kleine Junge wuchs heran zu einem national bekannten Lobpreisleiter in seinem Land. Gott kann durch unsere fröhliche Großzügigkeit eine Menge Gutes bewirken.

Der einzige mir bekannte Weg, um ein fröhlicher Geber zu werden besteht darin, solange zu geben, bis es zu einer Freude wird. So verändert sich Mathematik in Kunst.

Gebetslisten und Andachten

Gebet ist eine wichtige Disziplin. Ich bin mir aber ziemlich sicher, die meisten von uns haben manchmal das Gefühl, wir sind wie Arbeiter in Gottes Fabrik und Gebet bedeutet für uns das Vorbringen von Anliegen-Listen zu Jesus, unseren Vorarbeiter.

Aber was wäre, wenn Gebet bedeutet, Zeit in Beziehung mit Gott zu investieren? Was, wenn wir ihn durch Gebet besser kennenlernen, ihn genießen und unsere Beziehung mit ihm gestärkt wird?

Jesus sagte, Gott zu kennen bedeutet ewiges Leben (Joh. 17;3). Jesus sagte auch, wenn wir in eine Beziehung mit ihm eintreten, beginnt die Ewigkeit schon im hier und jetzt. Wir gehen aus dem Tod in das Leben (Joh. 5;24). Gebet ist das Einüben ewiger Gemeinschaft mit Gott in unserer vergänglichen Welt. Im Gebet lernen wir Gott kennen und er uns. Das Wort für *erkennen*, das hier in Johannes 17 gebraucht wird, ist das gleiche Wort das Matthäus verwendet, wenn er uns sagt, dass Joseph aus seinem Traum aufwachte und sich Maria zur Frau nahm, aber sie noch nicht „erkannte“. Dieses „erkennen“ steht für das offene, ungeschützte Herz Gottes, dass uns seine Sehnsucht mitteilt, dass wir ihn intim und persönlich kennenlernen, ihm privat begegnen und die Geheimnisse seiner Liebe erfahren können.

Wie lernen wir normalerweise Menschen kennen? Miteinander reden ist eine Möglichkeit, ist aber vielleicht nicht immer die beste. In der Stille können wir uns nicht verstecken. Worte können als Barrieren, Ablenkungsmanöver und Nebelwände genutzt werden. Worte können

Wahrheit ebenso einfach verdecken wie aufdecken, in der Stille jedoch offenbart sich das wahre Herz.

Was also bedeutet Gebet? Jesus trug seinen Jüngern auf zu beten und sein Modell-Gebet wurde in unzähligen Büchern analysiert, die zum Teil wesentlich anspruchsvoller sind als dieses hier. Ich frage mich, ob das Gebet, das Jesus uns gelehrt hat nur den Beginn eines Weges darstellt, der uns in eine tiefere Gemeinschaft mit Gott hineinführt. Der vielleicht wichtigste Aspekt von Gebet ist die einfache Gemeinschaft, Beziehung, Stille. Dies erfordert Disziplin.

Zu Beginn unserer Ehe sprachen Cindy und ich immer über alles. Wie die meisten jungen Menschen fühlten wir uns genötigt, bei den kleinsten Zwischenfällen bis hin zu den großen Meinungsverschiedenheiten jederzeit unsere Gefühle mitzuteilen. Im Laufe der Zeit aber erkannten wir etwas: Reden kann viel Zeit und Energie verschwenden. Heute sitzen wir mehr und mehr einfach in Stille einander gegenüber. Viele „Probleme", über die wir früher stundenlang diskutiert hätten, können heute in längeren Phasen bewusster Stille und einigen wenigen heilenden Kommentaren im Anschluss gelöst werden. Heute erscheint es so einfach, war aber für uns eine harte Lektion und erforderte manchmal enorm viel Disziplin, unsere Zunge im Zaum zu halten und der Stille zu vertrauen. Diese Disziplin hat sich in vielerlei Hinsicht ausgezahlt, uns beiden eine Menge Kopfschmerzen erspart und unser Vertrauen ineinander enorm aufgebaut. Heute wägen wir unsere Worte wesentlich sorgfältiger ab, bevor wir sie aussprechen. In den Sprüchen heißt es:

„Ein Tor schüttet all seinen Unmut aus, aber ein Weiser beschwichtigt ihn zuletzt." (Sprüche 29,11).

Die Disziplin des Gebets kann schwierig sein und einem oftmals als Zeitverschwendung vorkommen. Ich habe Pastoren sagen hören, wir sollten erst gar nicht beten, wenn wir das Gefühl hätten, es wäre nur eine lästige Pflichterfüllung. Dies ist aber wie wenn wir sagen, wir sollten nur dann arbeiten, wenn wir uns auch danach fühlen oder ein Instrument üben, wenn es uns danach ist, oder nur dann mit unserem Ehepartner reden, wenn wir ein Liebesgefühl für den anderen empfinden. Dies ist eine dumme Empfehlung. Die Verpflichtung zum Gebet soll uns, wie jede andere Pflicht auch, zur Meisterschaft des Gebets hinführen - die persönliche und intime Nähe mit Gott. Je mehr wir an diszipliniertem Einsatz in eine Beziehung investieren, desto reicher und stärker wird sie. Wäre meine Ehe mit Cindy reich und stark, wenn alles was wir miteinander reden würden nur unsere „Liebling, würdest du bitte....“-Listen wären? Auf keinen Fall. Ich würde ihre Intelligenz und Humor verpassen, ganz zu schweigen von der Warmherzigkeit ihrer Liebe. Dennoch mussten wir gemeinsam einüben, unsere Beziehung mit all ihren Möglichkeiten zu erfassen. Ich glaube, mit dem Gebet ist es genau das gleiche. Es ist der Weg, Gott in der ganzen Fülle von Gemeinschaft zu erleben, nach der er sich sehnt. Es ist es wert, mit der gleichen Intensität und Disziplin eingeübt zu werden, mit welcher der große Künstler an seinem Meisterstück arbeitet.

Die Rituale der Kirche

Viele Christen hören das Wort *Rituale* und verdrehen die Augen. Sie glauben frei von Ritualen zu sein, um sich Gott gegenüber frei und ohne die Einschränkungen durch gesetzliche Riten auszudrücken. Rituale abzulehnen bedeutet jedoch eine besondere Kunstfertigkeit abzulehnen, die Gott gebraucht, um uns mit ihm und miteinander zu verbinden.

Eine der denkwürdigsten Zeiten in meinem geistlichen Leben war ein Sommereinsatz, zu dem Cindy und ich gemeinsam mit einigen anderen Jesus-People nach Europa aufbrachen. Wir übernachteten in London, im Haus von „Jugend mit einer Mission" in der Vermont Road 8, gegenüber einer anglikanischen Kirche. Der junge Priester begrüßte uns und lud uns ein, am nächsten Morgen gemeinsam mit ihm zu beten. Ich entschloss mich dabei zu sein. Also stand ich vor Sonnenaufgang auf und betrat die Kirche. Zuerst war alles dunkel. Der Altarraum erinnerte mich stark an diese heilige Kombination von Kerzenwachs, alten Büchern und antiken Steinen (was den Kirchen in England die Beschreibung „sie riechen und läuten" einbrachte). Bald brach sich das erste Licht in den Glasfenstern, reflektierte am verzierten goldenen Altar und hüllte den Altarraum in einen warmen Glanz. Zu meiner Überraschung stellte ich fest, dass der Priester und ich die einzigen Anwesenden waren. Er entschuldigte sich nicht für die geringe Größe seiner Gemeinde. Stattdessen wünschte er mir einen guten Morgen und lud mich ein, gemeinsam mit ihm am Altargitter zu knien. Er überreichte mir „*Das Buch der gemeinschaftlichen Gebete*" und sagte förmlich und mit wunderschönem englischen Akzent, „Schlag bitte Seite 62 auf. Ich werde den Part des Priesters lesen und du liest die Antwort der Gemeinde.Verstanden?" Ich bejahte und wir begannen, gemeinsam diese Konzentration von geistlichen Sehnsüchten der Heiligen vieler verschiedener Jahrhunderte zu beten. Wir bekannten unsere Sünden, erlebten Gottes Vergebung, verkündeten seine Größe und feierten gemeinsam das Abendmahl, nur wir beide. Ich schrieb Jahre später ein Lied über diese Erfahrung:

Der Duft brennender Kerzen und von Händen abgegriffenem alterndem Holz
Der Schrei großer Glocken und das Klingen der Kleinen
Die Unterschrift manchen Geheimnisses, das nicht ganz verstanden wird
Das Erklingen großer und kleiner Stimmen
Der gedämpfte Schrei von Bittstellern, die nun in ihrer Position knien
Die maßvolle Bewegung weiser und heiliger Männer
Die alten handgefertigten Gebete, welche die Seele verwunden und besänftigen
Die Sehnsucht inmitten jeden Liedes
Was in meinem Leben fehlt ist dieses Ritual
Der bedächtige Schritt eines Priesters auf gepflastertem Stein
Nach was ich mich am meisten sehne, ist das Wunder
Gott in der Stille zu begegnen
Und dieses Ritual alleine abzuschreiten.

Gemeinsam mit diesem Priester in dieser anglikanischen Kirche habe ich einen künstlerischen Ausdruck unseres gemeinsamen Glaubens erlebt. Wie du siehst sind die Rituale der Kirche wie kleine Schauspiele mit nur einem Akt. Jedes Ritual erzählt eine Geschichte über unseren Glauben. Wenn wir beispielsweise Sünder im Wasser taufen, vollziehen wir nicht irgendeine Form von himmlischem Austausch oder geistlicher Transaktion und buchen dann unsere Erlösung auf das himmlische Konto. Stattdessen nehmen wir teil an dem gleichen kleinen Schauspiel, an dem Jesus selbst teilgenommen und sich darauf eingelassen hatte. Er trat bereitwillig an diesem Tag am Jordan in dieses Kunstwerk hinein, obwohl er ohne Sünde war und keine geistliche „Notwendigkeit" für Errettung oder Taufe hatte. Ich liebe das Argument, das Jesus Johannes dem Täufer gibt, die Taufe durchzuführen: *„um die Gerechtigkeit zu erfüllen" (Matth. 3;15).* Jesus sah das Gesamtbild, den ganzen Plan von Gottes großartiger kreativer Vision als Vater, in welcher die Taufe nur eine Ausdrucksform darstellt. Er bestätigte mit seiner Beteiligung die Güte von Gottes Kunstwerk und aus diesem Grund führen Gläubige heutzutage dieses gleiche Einakter Schauspiel immer wieder auf.

Der Pastor übernimmt die Rolle von Johannes dem Täufer. Das Taufbecken (oder jede andere Form von Wasserbehälter) steht für den Fluss Jordan und der Sünder identifiziert sich mit Jesus. Wir steigen in das Wasser wie in ein Grab, kommen heraus und treten in ein neues Leben. Es ist das visualisierte Gedicht der christlichen Geschichte, ein mystisches Kunstwerk, in dem wir uns mit unserem Erlöser identifizieren. Das feierliche Vereinigen eines Mannes und einer Frau im heiligen Bund der Ehe ist ein weiterer Einakter. Sie stellt sowohl eine Erinnerung an die Vereinigung des ersten Mannes und Frau dar und ist zugleich auch ein prophetisches Bild der kommenden Vereinigung von Christus mit seiner Braut.

Ebenso *„verkünden wir den Tod des Herrn bis er kommt"* im Heiligen Abendmahl (1.Korinther 11;26) und trinken von dem Kelch und essen von dem Brot. Wir leben den Tod, das Begräbnis und die Auferstehung Jesu aus und erinnern uns an sein Opfer für uns. Wie alle Kunst „verkündet" dieses Ritual etwas – in diesem Fall die kraftvollste Wahrheit des Universums, die mystische Wahrheit vom Kreuz.

Selbst das Gebet als solches kann ein kleines himmlisches Schauspiel sein. Jesus führte das ein, was wir heute das „Vater Unser" nennen, als er sagte, *„Deshalb sollt ihr folgendermaßen beten..." (Matthäus 6;9)*. Es ist, als ob er uns ein Manuskript überreicht und gesagt hätte, „Hier sind eure Textzeilen." Ich habe dieses Gebet im Gemeindekontext unzählige Male angeleitet oder selbst daran teilgenommen und fast jedes Mal springt mir etwas daraus entgegen, als hätte ich es soeben zum ersten Mal gehört.

Wir könnten hier noch auf viele andere dieser Rituale verweisen, an dieser Stelle möchte ich aber nur noch ein weiteres herausgreifen: das Ritual des Bekennens und der Vergebung. Die Bibel sagt uns, wir sollen einander unsere Sünden bekennen und wem die Sünden vergeben sind, dem sind sie auch vergeben. Dies ist ein weiteres dieser Einakter. Wir sind dazu aufgerufen, Beichtvater für unsere Freunde zu sein. Jedes Mal wenn dies geschieht, treten der Beichtvater, wie auch derjenige, der Vergebung benötigt, in ein heiliges Schauspiel ein. Wir werden in die himmlische Kunst der Vergebung eingeführt Die meisten evangelikalen Denominationen haben diese Rituale der Alten Kirche zurückgewiesen. Du wirst nicht viele Fundamentalisten finden, die niederknien und sich bekreuzigen. Was in dieser Ablehnung jedoch unbemerkt bleibt, ist die Tatsache, dass Menschen niemals in einem „rituellen Vakuum" existieren. Die Seele sehnt sich nach diesen gemeinsam erlebten Ein-Akt-Schauspielen. Evangelikale haben diese größtenteils durch menschliche Traditionen ersetzt, die Anhäufung „heiliger" Praktiken aus vorherigen Generationen, wie eine bestimmte Gottesdienst Liturgie, Kniebänke vor dem Altar, Bekehrungsaufrufe, zu jemandem die Hände im Gebet erheben, enthusiastischer Lobpreis, die Anstellung von Jugendpastoren oder die Gestaltung unserer modernen Gottesdiensträume. Wo die alten Kirchen für jedes ihrer Rituale eine biblische Begründung hatten, kommen Evangelikale in Schwierigkeiten irgendwelche theologischen Begründungen für ihre Praktiken zu finden.

Vielleicht war die ursprüngliche evangelikale Beschwerde berechtigt – das Leben sei aus den Ritualen verschwunden und sie wurden als Machtinstrument machtbesessener, politisch motivierter Geistlicher verwendet. Dennoch schließt Missbrauch vorherigen korrekten Gebrauch nicht aus. Paulus scheint dies anzusprechen, wenn er über manche Gläubigen schreibt, die *„eine Form von Göttlichkeit haben, jedoch deren Kraft verleugnen" (2. Timotheus 3;5)*. Es scheint, dass er beides wertschätzte, die Form wie auch deren Kraft. Rituale verbinden im besten Falle beides. Warum sonst hatte Jesus gesagt, *„Tut* *dies zu meinem Gedächtnis" (Lukas 22;19)*? Charles Williams beschreibt in einem seiner Romane einen anglikanischen Erzbischof, der zu sich selbst sagt: „Dies also bist Du, gleichzeitig bist Du es nicht". Er erkannte den Widerspruch, dass Gott in allem ist und gleichzeitig in jedem Einzelteil nicht vollständig zum Ausdruck kommt; die äußere Form von etwas kann lebendig und dynamisch sein oder so tot wie eine Statue. So ist es in der Kunst und so sind auch die Ein-Akt-Schauspiele, an denen wir teilnehmen, wie es die Christen schon seit Jahrtausenden von Jahren tun: „Dies also bist du, gleichzeitig bist Du es nicht."

Gemeinschaft

Christliche Gemeinschaft wird immer mysteriös und überraschend sein, damit sie jedoch aufrecht erhalten bleibt, gibt es auch hier einen Anteil von Disziplin. Der Schreiber des Hebräerbriefes ermahnte uns, die Versammlung der Heiligen nicht zu versäumen (Hebräer 10;25). So sehr wir vielleicht dieses Gebot von Zeit zu Zeit übergehen möchten, es gilt immer noch. Andererseits betrachten viele Christen den Gottesdienstbesuch, als wäre er nicht viel mehr als eine weitere terminliche Verpflichtung, wie das Fußballtraining oder der jährliche Gesundheitscheck. Wenn der Gemeindebesuch zur Pflicht wird, die wir jede Woche abhaken, reduzieren wir dessen Bedeutung auf die Ebene all der anderen Verpflichtungen, denen wir nachkommen und finden uns dann sprichwörtlich in der „Ersten Kirche der mathematischen Gleichungen" wieder.

Damit wir die Kunst in Gemeinschaft entdecken,

müssen wir uns der Disziplin verpflichten, uns einer Gruppe von Christen anzuschließen. Wir müssen das Vorrecht erkennen, das wir haben, wenn wir uns mit anderen Christen versammeln.

Im Hinblick, wie sehr die weltweite Gemeinde unter Verfolgung leiden muss, ist religiöse Freiheit nicht selbstverständlich und wir sollten dafür dankbar sein. Dann übernehmen wir die Pflicht an den Gemeindeveranstaltungen teilzunehmen und ein aktives Mitglied eines örtlichen Ausdrucks des Leibes Christi zu sein. Ja, es kann manchmal eine wirkliche Plackerei sein. Aber wir tun es dennoch, auch wenn wir uns nicht danach fühlen, oder wir Schwierigkeiten mit dem Pastor oder anderen Gemeindemitglieder haben, denn wir haben uns dazu verpflichtet. Der Unterschied zwischen Mathematik und Kunst in der Gemeinschaft liegt darin, dass manche niemals die Pflichtaufgabe hinter sich lassen können, während andere diese Verpflichtung als eine Form von Hingabe, Disziplin und Liebe sehen und sie am Ende Meisterschaft und Erfüllung in Bezug auf ihre Beziehungen entwickeln.

Die Gefahr ein „Berufs-Christ" zu werden

Der Trick bei alledem liegt darin, routiniertes Leben zu vermeiden. Jemand der die notwendigen christlichen Rituale durchführt, wird sich schnell als „Berufschrist" bezeichnen. Ich habe beispielsweise, seitdem ich 17 Jahre alt war meinen Lebensunterhalt damit verdient, für das Leben als Christ zu werben. Ich bekam meine finanzielle Unterstützung dadurch, vor Publikum zu stehen und von Jesus Christus zu sprechen. Zu Beginn nahm ich dafür noch kein Opfer. Ich war Amateur, also jemand der das, was er tut, aus Liebe tut und nicht für Geld. Selbst nachdem ich für das Singen und meinen geistlichen Dienst anfing bezahlt zu werden, betrachtete ich mich immer noch als einen Amateur. Ich redete nicht von „meiner Karriere“ in der Musik. Es war eine Berufung. Die Honorare die ich dafür bekam, waren manchmal so klein, dass ich all das sicherlich nicht für Geld tun könnte. Ich erinnere mich an einen Pastor, der mich für zwei Abende Dienst bezahlte, indem er mir sechs Dollar in Münzen in meine offenen Hände schüttete. Im ersten Jahr unseres Dienstes betrug unser steuerpflichtiges Einkommen 1.700 Dollar. Jemand vom kalifornischen Finanzamt schickte uns aus Versehen einen Scheck von 800 Dollar, auch wenn wir niemals einen Penny in das System eingezahlt hatten. Ich verdiente im Laufe der Jahre mehr Geld, hatte mehr Kinder, kaufte ein größeres Haus, stellte Mitarbeiter ein, brauchte größere Büroräume, brachte bessere Alben heraus, zahlte Steuern und gab für all diese Dinge auch mehr Geld aus. Wir lebten nun wie eine Maschine, die Treibstoff benötigte und dieser Treibstoff war das Geld. Bis dann meine Frau eines Tages einen Kommentar zu meiner Karriere abgab. Ich fiel fast um. Dies war keine Karriere, es war immer noch meine Berufung, und doch hatte ich sie schon lange genug gelebt, dass es für jeden anderen wie meine persönliche Karriere aussah. Dies hat mich seitdem immer wieder beschäftigt und ich habe mich dazu entschieden, das was ich tue niemals als Karriere zu beschreiben, auch wenn es durchaus Merkmale einer solchen aufweist. Ich weiß, dass ich hart genug gearbeitet und geprobt hatte, um nun einige professionelle Fähigkeiten entwickelt zu haben. Dies ist gefährlich, denn dies eröffnete mir die Möglichkeit, nur deshalb von Jesus zu erzählen, weil ich die Fähigkeiten dazu hatte und weil dies meine Rechnungen bezahlt. Dies geschieht guten Menschen, die so etwas niemals geplant hatten. Dies ist einigen mir bekannten Predigern so ergangen. Sie schienen großartige Beispiele für Anständigkeit und Dienst zu sein, bis zu dem Tag, an dem sie durchdrehten, mit der Organistin durchbrannten, ihre Familien im Stich ließen und Gebrauchtwagen oder Versicherungen zum Lebensunterhalt verkauften. Einer von ihnen ging nach Las Vegas und wurde (kein Witz) zum Elvis Imitator. Passt irgendwie, oder? Er ging von einem Schauspiel zum nächsten. Ich nehme an, er hatte einiges an Übung.

Vor Jahren sprach einmal ein weiser Freund mit mir über Ruhm und die darin lauernden Gefahren. Er dachte, ich stünde an der Schwelle von ein wenig Ruhm. Er gab mir den Rat, dass ich darauf achten sollte sicherzustellen, dass das Bild und die Wirklichkeit dessen wer ich bin, eine Wesenseinheit oder deckungsgleich sein sollte. Ich habe mir seine Worte zu Herzen genommen. Täglich kämpfe ich gegen meine eigene Überheblichkeit. Ich bin ein Professioneller, aber kein Berufschrist. Ich lebe als Nachfolger Christi. Um nichts anderes in der Welt möchte ich meiner Berufung folgen, damit meine Kinder und Enkelkinder auch weiterhin durch meinen Lebensstil geformt werden. Sie sollen nicht durch hohle Rituale abgeschreckt werden, die ich in einer grotesken Parodie eines Christenlebens vorlebe.

Diese Form von „Berufschristen-Syndrom“ kann jeden treffen. Wir alle können mit unserem Glauben zu

Profis verkommen, wenn wir nicht vorsichtig sind. Genau das geschieht, wenn wir die Disziplinen in unser Leben integrieren und darüber vergessen, dass es darum geht, sie zu meistern. Wir sind dazu bestimmt, uns von der Mathematik hin zur Kunst zu erheben und nicht dazu, eine Show aus unserem „mathematischen Lebensstil“ zu machen. An diesem Punkt werden wir sonst leer und gesetzlich werden. Wir geben regelmäßig den Zehnten, werden aber niemals großzügig. Wir beten treu aber nicht aus dem Verlangen, in der Gemeinschaft mit Gott zu leben.

Die Bandmitglieder von U2, der inoffiziellen christlichen Hausband, hatten zu Beginn ihrer Karriere einen Slogan. Sie sahen andere Bands auf der Bühne und sie sagten sich selbst, „Alles nur nicht das“. Damit meinten sie, dass der Musikstil der anderen Bands passte, das Aussehen, die Haltung, die Energie, ja sogar die Fans, aber den Bands fehlten einige Schlüsselelemente, die ihre Kunst wirklich relevant machten. U2 hatte genau das. Das ist es, was ihre Musik und ihre Konzerte für so viele zu einer transzendenten Erfahrung macht.

Ich lerne unglücklicherweise viele Berufschristen kennen, die alles haben außer „diesem“. Ich bin Predigern begegnet, die nicht mehr glauben. Manche von ihnen waren gute Freunde von mir. Ich begegne immer wieder Menschen, die treu zur Kirche gehen, aber in keiner persönlichen Beziehung zu Jesus leben. Sie sind nicht wie Petrus an Gott gebunden, der nirgendwo sonst hingehen konnte, *„denn Du hast Worte des ewigen Lebens“ (Johannes 6;68)*. Sie sind an anderes gebunden. Sie lieben das Künstlerische, nicht die Kunst. Sie lieben die Praktiken der Kirche und die Erscheinungsform des christlichen Lebensstils oder vielleicht erinnert sie die Kirche an gute alte Zeiten. Vielleicht sind hier die einzigen Menschen, die sie willkommen heißen. Was immer auch der Grund ist, sie kennen die Kirche Christi aber sie kennen ihn nicht.

Wenn U2 einfach nur eine weitere Band gewesen wäre und Bono nur der minderbemittelte Sohn einer amateurhaften Opernsängerin, hätte ich ihnen ungefähr dreißig Sekunden beim Durchblättern des Rolling Stone Magazins in den frühen achtziger Jahren gewidmet. Ihre Musik hätte nicht zu mir gesprochen und mein Herz ergriffen, so wie sie es tat, als ich zum ersten Mal den Song „Gloria" gehört hatte – *„Gloria exultate. Oh Herr wenn ich irgendetwas habe, überhaupt irgendetwas, ich würde es dir geben"* – aus ihrem zweiten Album *October*. Ihre Kunst hatte *dieses Etwas*, wie alle Kunst es hat, und *dieses Etwas* ist eine Person – der Künstler.

Wir müssen in jedem Ritual, in jeder Handlung Gott suchen. Wenn wir alles haben, nur nicht *dieses Etwas*, sind letzten Endes alle unsere Bemühungen bedeutungslos. Wenn wir die Disziplinen einüben stehen wir vor der Wahl, die Kunst mehr zu lieben als den Künstler, das Bild mehr als die Person. Vielleicht ist dir ja genau das passiert. Jesus sagte, *„Ohne mich könnt ihr nichts tun" (Johannes 15;5)*. Rituale und Disziplinen können uns von ihm weg führen, aber auch genauso einfach hin zu ihm. Wir können eine Form der Göttlichkeit entwickeln, die ähnlich wie eine Skulptur Gottes aussieht, die aber keine Macht hat.

Geistliche Disziplin kann uns auch zu Gott zurück führen. Diese wunderschönen Einakter-Schauspiele können den Gehorsam und die Liebe zum Ausdruck bringen, die wir zu ihm haben und die Einheit, die wir mit anderen Christen leben. Vielleicht ist es an der Zeit, dass du aufs Neue durch manche Disziplin beherrscht wirst und dadurch größere geistliche Fähigkeiten entwickeln kannst wie ohne Disziplin. Es wird die Zeit kommen, in der du voller Gnade sein wirst. Die Klick-Spur des Metronoms wird verschwinden und du wirst um den Beat herum tanzen, ohne jemals wieder dein Timing zu verlieren.

5

Die Kunst unseren Glauben mitzuteilen

Kunst wird von Fakten nicht nett behandelt, ist hilflos im Verankern von Theorien und wird durch eine Predigt auf der Stelle getötet.
Agnes Repplier, amerikanische Essayistin

Jeder Künstler taucht seinen Pinsel in seine eigene Seele und malt sein eigenes Wesen in seine Bilder hinein.
Henry Ward Beecher, Pastor im 19. Jahrhundert und Gegner der Sklaverei

Du kannst die Wahrheit durch Logik nur dann entdecken, wenn du die Wahrheit ohne sie schon gefunden hast.
G.K.Chesterton

Einmal konnte ich das Konzert der Band U2 auf ihrer "Unforgettable Fire"-Tour im Cow Palace in San Francisco miterleben. Dieses Konzert war anders, als alle anderen die ich bisher besucht hatte. Es war für mich wie das Erleben einer großen Gemeinschaft. Als die Band den Song von Bob Dylan „Knocking on Heaven's Door" spielte, holte sich Bono einen Zuschauer, der Gitarre spielen konnte aus dem Publikum, hing ihm seine alte Gibson über und dann erlebten wir, wie dieser junge Kerl mit der Band gemeinsam diesen Song spielte! Nach und nach verließ ein Bandmitglied nach dem anderen die Bühne und der Junge fand sich auf einmal alleine auf der Bühne wieder, spielte auf Bono's Gitarre und wir alle sangen dazu „Knock, knock, knockin' on heaven's door." Es war ein unglaublicher Augenblick, aufregend, gefährlich und voller Leben. Dieser Zuschauer, dieser Junge, der mit seiner Konzertkarte nichtsahnend gekommen war, wurde ein persönlicher Teil der Show. Er war in das Kunstwerk eingeladen worden.

Wir alle sahen ihn Gitarre spielen, sangen und freuten uns mit ihm, als wären wir selbst dort auf der Bühne, im Grunde war es ja auch so. Er war für uns alle dort oben auf der Bühne und spielte für uns. Durch ihn wurde jeder Konzertbesucher zum Mitgestalter des U2-Konzertes. So sieht wahre Evangelisation aus.

Für viele Christen ist „Evangelisation“ in erster Linie Pflichterfüllung ohne jede echte emotionale Konsequenz, als wären wir Handelsvertreter einer kosmischen Erlösungs Firma. Evangelisation ist jedoch ihrem Wesen nach die Einladung in eine Beziehung und Gemeinschaft mit Gott und auch mit anderen Gläubigen. Die liebevolle, authentische Gemeinschaft unter seiner Führung ist einer der attraktivsten Aspekte an Christus. Jesus sagte uns ganz offen, dass die Liebe unter uns das anziehende Element sein würde: *„Daran werden sie erkennen, dass ihr meine Jünger seid, wenn ihr euch untereinander liebt“ (Johannes 13;35).* Das ist eine bemerkenswerte Tatsache, die Kraft der Botschaft des Evangeliums liegt in der Lebendigkeit unserer Beziehungen miteinander und der Anziehungskraft unserer Gemeinschaft.

Wenn Evangelisation eine Erlösungs-Gleichung anbietet, ein auf Mathematik basierendes Versprechen, geht sie am entscheidenden Punkt vorbei. Meiner Erfahrung nach begegnen Menschen Christus in Beziehungen miteinander wesentlich öfter als beim Lesen der „Vier Geistlichen Gesetze“ in einem Traktat.

Jesus hatte genau das vorhergesagt. Er gab uns das Geheimnis der Evangelisation „Liebt einander“ um dann leider zu erleben, wie wir genau das immer wieder aus den Augen verlieren und vergessen. Liebe wird durch Bekehrung ersetzt und evangelistische Veranstaltungen werden als wahre Gemeinschaft verkleidet. Für gewöhnlich warten Nichtchristen jedoch nicht darauf, durch einen lehrmäßig, logischen Gedanken überzeugt zu werden; sie warten darauf, der wahren, richtigen Gemeinschaft zu begegnen. Zeig ihnen eine wahre liebende Gruppe von Menschen und es ist ihnen nicht mehr wichtig, wie diese funktioniert, sie wollen dazugehören.

Ich erlebte genau das während eines Sommers, als ich gemeinsam mit einer Gruppe junger Menschen an der Universität von Berkeley unseren Glauben weitergeben wollte. Wir gingen jeden Tag auf die Straße um Zeugnis zu geben. Für die nicht Eingeweihten unter uns als Erklärung, wir gingen an öffentliche Plätze, verteilten Traktate mit der Botschaft des Evangeliums und versuchen dort, mit wem auch immer, über Jesus ins Gespräch zu kommen. Die Verlängerung der Telegraph Avenue, die am Sproul Plaza auf dem Universitätsgelände endete war damals eine kunterbunte, Patchouli Parade von Freaks und Außenseitern, Studenten, Professoren, Hippies, Aktivisten, Drogenabhängigen, obdachlosen Jugendlichen und hinterhältigen Betrügern. Man kam sich dort vor wie in einem lärmenden Dritte-Welt-Land. Es gab Gruppen die trommelten, Straßenmusiker und Bettler und alle versuchten sich gegenseitig zu übertönen. Jesus war zu dieser Zeit sehr beliebt und wurde zum Leitmotto dieser Generation. Deshalb war es einfach, mit diesen suchenden Menschen über ihn ins Gespräch zu kommen. Als sie jedoch entdeckten, dass wir Christen waren, machten die meisten Menschen zu und wendeten sich von uns ab. Sie waren nicht bereit zu akzeptieren, dass Jesus der Herr des Universums ist, sie wollten ihn weiterhin nur als einen hellen Stern unter vielen in ihrer eigenen Zusammenstellung von Göttern akzeptieren.

Einige Tage später gingen fünf unserer Gruppe in einen Waschsalon auf der Telegraph Avenue, ein paar Blöcke entfernt vom Universitätsgelände, um dort einige

Kleider zu waschen (ja, sogar Jesus-People wuschen ihre Kleider). Wir saßen auf dem Boden im Kreis, lachten und sangen ein paar Lieder, während wir darauf warteten, dass unsere Kleider wieder trockneten. Einer unserer Gruppe hing dort am Mitteilungsbrett des Waschsalons ein Poster für unsere evangelistische Veranstaltung, Ende der Woche auf. Neben uns wusch auch jemand gerade seine Klamotten, der unsere Gruppe belauschte, ein echter langhaariger, vollbärtiger, Voll-Hippie in seinen Dreißigern. Was wir zum damaligen Zeitpunkt nicht wussten war, dass er in ziemlich zerstörerischen Verhaltensmustern gefangen war. Wir sprachen im Waschsalon mit ihm kein Wort, denn wir waren schließlich nicht zum Zeugnis geben dort, sondern um unsere Wäsche zu waschen. Nachdem wir den Waschsalon verlassen hatten nahm er das Poster von der Wand, fragte uns wer wir waren und worum es uns gehen würde. Irgendetwas an uns schien ihn zu faszinieren. Er kam am folgenden Freitag zu unserem Treffen und begegnete Jesus. Er wurde tiefgehend verändert, gereinigt, empfing Vergebung und wurde auf eine neue Lebensbahn gesetzt. Er war soweit ich weiß die einzige nachhaltige Frucht unserer gesamten Evangelisationswoche. Und das nicht einmal weil wir ihm „Zeugnis gegeben hatten", sondern weil er die Gemeinschaft der Gläubigen in diesem Waschsalon erlebt hatte. Er schloss sich unserer Gruppe an und wurde Teil unseres Missionsteams in der Bay Area.

Es besteht ein radikaler Gegensatz zwischen dem, was viele denken, was funktioniert, plakatieren, bekehren, „Zeugnis geben" und dem, was Menschen tatsächlich in eine Begegnung mit Jesus führt. Wir haben die Kunst der Evangelisation in eine Reihe von Gleichungen verwandelt, einem Dienst der Mathematik. Wir haben das zur Seite geräumt, was uns attraktiv macht, liebevolle Beziehungen mit Gott und miteinander. Wir haben ein in sich geschlossenes Glaubenssystem geschaffen. Das eigentlich wesentliche ewige Thema zwischen Gott und uns ist jedoch nicht die Frage, ob wir die Wahrheiten des Christentums kennen, sondern ob wir Gott kennen. An dieser Stelle sind Beziehungen von grundlegender Bedeutung. Können wir von einem Gott, der eine derartige Betonung darauf legt ihn persönlich zu kennen, erwarten, dass wir andere Menschen nur plump mit einer „Evangeliumsbotschaft" bestreuen, anstatt mit ihnen in echte Beziehungen zu treten?

Ich möchte hier einmal einige der antikünstlerischen Vorstellungen und Gewohnheiten betrachten, die sich in unser Verständnis von Evangelisation eingeschlichen haben. Je eher wir erkennen, wie sehr die Mathematik unsere Bemühungen durchsetzt hat, desto eher können wir der Kunst Gottes wieder Raum geben.

Jesus hat uns niemals aufgetragen, jemanden zu gewinnen

Wie ich schon erwähnt habe gibt es im Neuen Testament nur eine einzige Stelle über jemanden, der „gewonnen" wurde – In 1.Petrus 3;1 wird den Ehefrauen gesagt, dass ihre Ehemänner *„ohne ein Wort"* gewonnen werden können. Jesus rief uns tatsächlich dazu auf, die Geschichte zu erzählen und Menschen zu Jüngern zu machen, was jedoch nicht mit dem Gewinnen von Bekehrten verwechselt werden darf. Es scheint in dieser Anweisung eine entscheidende Formulierung zu fehlen, der Augenblick der Bekehrung, dieser Schritt nach dem Hören und vor dem Leben als Jünger. Wir konzentrieren uns in unserer Version von Evangelisation häufig auf einen eindeutigen, persönlichen Augenblick, der Punkt an dem der Sünder das „Übergabegebet" spricht und „Jesus als seinen persönlichen Herrn und Erretter annimmt". Aber kann es sein, dass Jesus uns mit Absicht aus diesem Teil der Bekehrung heraus nimmt? Nehmen wir hier möglicherweise eine Last auf uns, die gar nicht für uns bestimmt ist? Mir scheint, dass wir uns in das geheimnisvolle Werk der Erlösung eingemischt haben, das dem Heiligen Geist vorbehalten ist. Wir sind davon überzeugt, in dem Prozess unersetzbar zu sein und dass die Erlösung der Welt von uns abhängt. Wir sind auf den Moment der Bekehrung fixiert auch wenn die Bibel das überhaupt nicht ist.

Ein weiser Freund erinnert mich immer wieder daran, dass wenn wir für uns beanspruchen, Menschen für Jesus gewinnen zu können, dies immer auf Kosten des Kreuzes geschieht. *„Und ich werde, wenn ich von der Erde weg genommen werde, alle Menschen zu mir ziehen", sagte Jesus (Johannes 12;32).*

Als Jeff, der Bruder meiner Frau, achtzehn Jahre alt war, lebte er in Indiana und arbeitete in einem hochbezahlten Job in der Industrie. Er war attraktiv und elegant, hatte seine eigene Wohnung und fuhr einen kleinen roten Sportwagen. Die Frauen lagen ihm sprichwörtlich zu Füssen. Er schien alles zu haben, was er sich wünschte. Jeff kam nach Kalifornien, um Weihnachten mit seiner Familie zu feiern und wir gerieten eines Abends in eine ausgiebige

Diskussion über den Antichristen, das Kennedy Attentat, die Endzeit und andere geistliche Themen. Cindy und ich ließen das Gespräch laufen und beendeten es ganz natürlich, ohne es in eine „evangelistische Richtung“ zu manipulieren. Er kehrte einige Tage später wieder nach Indiana zurück. Fünf Monate später bekamen wir einen Brief von Jeff, in dem er uns seine tiefe Unzufriedenheit mit seinem Leben und den Wunsch nach innerem Frieden ausdrückte. „Als ich euch an Weihnachten sah, merkte ich, dass ihr etwas habt. Was immer das ist, ich möchte das auch haben.“, schrieb er in seinem Brief. Wir schrieben zurück, dass das einzige was wir hätten Jesus sei. Etwa einen Monat später machten wir auf einer Reise einen Stopp in Indiana um dort Verwandte zu besuchen. Wir trafen uns mit Jeff und er erzählte uns, dass er, als er unseren Brief erhalten hatte, sein Leben Jesus gegeben habe. Er packte sein Hab und Gut in den kleinen roten Sportwagen und ging mit uns nach Kalifornien, um dort mit uns zu leben und in seinem neu gefundenen Glauben zu wachsen. Ich weiß nicht, ob wir behaupten können, „Jeff zum Herrn geführt zu haben“, auch wenn es das war, was Jeff den Leuten erzählte. Wir taten einfach nur das, was uns angemessen und natürlich erschien. Wir waren wir selbst, erledigten keinen Job oder wandten eine Verkaufsmasche an. Gott war derjenige, der Jeff von sich begeisterte und ihn viel tiefergehender rief, als wir das je hätten tun können. Manche werden uns jetzt kritisieren, dass wir nicht schon während unserer Unterhaltung mit Jeff oder bevor er nach Hause gefahren war „das Geschäft abgeschlossen hätten“. Jesus verpasste selbst in Markus 12 eine großartige Gelegenheit, „ein solches Geschäft abzuschließen“. Als ihm ein

Schriftgelehrter wortgewandt antwortete, sagte Jesus nur, *„Du bist nicht weit entfernt vom Reich Gottes" (Vers 34).* Viele Pastoren hätten heutzutage in einer solchen Situation alle Anwesenden darum gebeten, die Köpfe zu senken und Augen zu schließen und den Angesprochenen ermutigt, seine Hand zu heben und zu einem „Übergabegebet" nach vorne zu kommen. Jesus bestätigte diesem Schriftgelehrten einfach nur, dass Gott ihm sehr nahe gekommen sei. Wie un-mathematisch!

Ich habe alle die Gemeinden vor Augen, in denen ich war oder von denen ich gelesen habe, wo voller Stolz die evangelistischen Ziele veröffentlicht wurden. Nach meiner inoffiziellen Strichliste wurde jeder Amerikaner gerettet, mancher sogar mehrmals. Ich war in Gemeinden, die im vergangenen Jahr fünftausend „Errettungen" verzeichneten. Ich schaute mich in ihrem Gottesdienstsaal um und fragte mich; „Nun, wo sind denn all diese Menschen?" Sie zählten Bekehrungen, keine Jünger. Ein riesiger Unterschied.

Vielleicht steckst du mich jetzt mit den Christen zusammen, die das gute Werk vieler Evangelisten vieler Jahrhunderte ablehnen und manchmal sogar verspotten. So denke ich nicht, ich glaube an die Berufung des Evangelisten. Du hast Recht wenn du sagst, ich hätte selbst mein Leben als musikalischer Evangelist verbracht, auch wenn die meisten, sich eine Gitarre umzuhängen, nicht als Evangelisation beschreiben würden. Meine Frau wurde während einer Billy Graham Evangelisation in Tucson, Arizona von Gott im Alter von zwölf Jahren angerührt. Diese Begegnung hat ihr Leben von Grund auf verändert. Corrie Ten Boom, die das Konzentrationslager überlebte, legte Cindy die Hände auf ihren Bauch und betete für unser erstes noch nicht geborenes Kind. Ich danke Gott für jeden, der bereit ist, in der Öffentlichkeit zu stehen und riskiert, wegen der Geschichte Gottes ins Lächerliche gezogen zu werden. Ich bin jedoch überzeugt, dass Evangelisation weitaus mehr ist als das. Sie ist eine beziehungsorientierte, kreative und geduldige Kunstform, eine Kunstform zu der alle Christen berufen sind.

Unsere traditionellen Errettungs-Floskeln sind der Bibel ein Fremdwort

Wir haben als Evangelikale eine Anzahl von „Erlösungsphrasen“ entwickelt, die man so nicht in der Bibel findet. Dennoch glauben wir intensiv genug daran, dass wir jeden, der sie anzweifelt, schräg von der Seite anschauen. Ich bin mir sicher, du hast schon einmal gehört: „das Übergabegebet beten“ und „Jesus Christus in dein Herz einladen“ und über Jesus als deinen „persönlichen Herrn und Erlöser“ zu sprechen, aber all diese Sätze findet man so im Neuen Testament nicht. Ich unterstelle damit nicht, dass sie nicht wahr sind, oder sie nichts Wichtiges vermitteln können. Ich sage nur, dass wir es zugelassen haben, dass diese Sätze sich zu einer eigenen Lehre darüber verselbstständigt haben, wer Gott ist und wie wir sein Eigentum werden und diese Lehre hat alle anderen Lehren unserer theologischen Landkarte wie eine Kletterpflanze überwuchert.

Ich habe schon erwähnt, dass die meisten Christen auf diesen „Augenblick der Erlösung“ fixiert sind, als gäbe es eine Möglichkeit, den präzisen Augenblick festzulegen, in dem wir vom Sünder zum Heiligen werden. An diesem Punkt hinken Zeugnisse in Gottesdiensten oder Kleingruppen und Menschen, die für sich keinen zeitlich genau festgelegten Bekehrungsaugenblick festmachen können, fühlen sehr häufig als minderwertig. Wenn wir an einen mathematischen Gott glauben, wird Erlösung zu einer Entweder-Oder-Entscheidung, null oder eins, an oder aus und dann wird es einfach, den genauen Zeitpunkt festzulegen, einfach im Logbuch nachschauen. Aber viele, vielleicht die meisten, die zum Glauben an Jesus kommen, wissen, dass es mehr war als nur ein Augenblick. Es war ein Prozess, eine Art der Schwangerschaft, ein Stoß durch den Geburtskanal, ein Tanz, ein Kampf, ein Wrestling Match, eine oft undefinierbare Bewegung hin zu Gott.

Als wir sie fragten, wie sie mit ihrem neuen Buch vorankomme, antwortete eine bekannte Schriftstellerin, dass es schon fertig sei, sie müsse es nur noch niederschreiben. C.S.Lewis beschrieb seine Bekehrungserfahrung einmal so, dass er zu einer einstündigen Reise als Heide in den Bus stieg und am Ende als Christ aus dem Bus wieder ausstieg. Wann schrieb die Schriftstellerin ihr Buch? Wann wurde Lewis Christ? Wann beginnt ein Maler mit seinem Gemälde? Wenn er die ersten Eingebungen für ein neues Kunstwerk empfängt, die Leinwand kauft, sie auf die Staffelei aufspannt oder die ersten Farbkleckse auf der Leinwand verteilt? Ist diese Frage für den Künstler überhaupt von Bedeutung? Ich habe schon die Worte des Paulus in Römer 8;29 zitiert *„Denn die er* ***ausersehen*** *hat, die hat er auch* ***vorherbestimmt****, dass sie gleich sein sollten dem Bild seines Sohnes, damit dieser der Erstgeborene sei unter vielen Brü-*

dern." Die Worte ausersehen und vorherbestimmt sagen uns, dass Gott die Vorstellung von dir schon vor deiner Geburt hatte. Gott hatte das Kunstwerk, das einmal aus dir werden sollte, schon vor Augen und musste es, wie die oben genannte berühmte Schriftstellerin sagte, in deinem Leben nur noch ausarbeiten. Diese Vision für dein Leben ist weitaus wichtiger, als einem oft künstlichen oder willkürlichen Augenblick der Bekehrung übermäßig viel Bedeutung zuzumessen.

Menschen wissen schon, dass sie Sünder sind

Eines der größten Mythen der Evangelisation ist die Annahme, die Menschen wüssten noch nicht, dass sie Sünder sind. Ich bin bisher noch keinem Menschen begegnet, der nicht schon wusste, dass er oder sie ein Sünder war. Vielleicht drücken sie es nicht so aus. Vielleicht sagen sie, „Keiner ist vollkommen", oder, „Nun, natürlich hab ich nicht immer alles richtig gemacht. Ich hab ein paar Fehler gemacht." Was sie damit aber eigentlich ausdrücken ist, „Ich habe gesündigt und bin aus der Gnade Gottes herausgefallen." Welche Botschaft haben wir für diese Menschen?

Ich sang einmal bei einem Mittagskonzert in Union Square, San Francisco, und mir fiel, während ich mir die Menschenmenge anschaute, ein Mann ins Auge, der sich seinen Weg bis vor die Bühne gebahnt hatte und ein großes Plakat hoch hielt, auf dem zu lesen war, „Turn or Burn!" (Kehre um oder Brenne) oder „Du bist direkt auf dem Weg in die Hölle.“ Er meinte, weil ich über Jesus sang, sei ich auf seiner Seite! Was das Ganze noch schlimmer machte war, dass er Ohrstöpsel trug, Musik hörte und offensichtlich keinerlei Interesse am Dialog oder Beziehung mit den Menschen zeigte, die direkt um ihn herum standen. Er verwies die Menschen mit seinem offensiven Plakat auf die unbefriedigende Gleichung ihres Lebens und hoffte, dies würde das Evangelium in irgendeiner Weise attraktiv machen. Diese Form von Verbrüderung konnte ich so nicht stehenlassen. Ich brach meinen Song ab, deutete auf ihn und sagte, „dieser Mann steht nicht auf meiner Seite. Ich bin nicht gekommen, um ihnen zu sagen, dass sie in die Hölle kommen. Ich zeige ihnen einen Weg zum Himmel.“ Er sah mich auf ihn zeigen, lächelte und gab mir den Daumen, denn er dachte ich würde ihn bestärken. Er konnte nicht einmal hören was ich sagte! Er ging vielleicht an diesem Tag nach Hause und schlug sich selbst auf die Schulter, weil er „das Evangelium weitergegeben hatte“. Aber hatte er das wirklich? Ich kann mir keinen weniger kunstvollen Weg vorstellen. Menschen verstehen, dass sie Sünder sind. Man muss es ihnen nicht noch einmal sagen. Sie müssen in deinem und meinem Leben die Beziehung zum Himmel wahrnehmen, die sie wie verlorene Kinder wieder zurück in die Familie Gottes zieht.

Lass Gott dich wiederspiegeln

Also wozu hat uns Gott dann berufen? Was ist unser Beitrag, Menschen zum Glauben zu führen? Bei Evangelisation geht es meistens um „authentisch sein“ und „echte

Gemeinschaft". Wenn wir als Menschen authentisch und echt sind, bekommt Gott den Freiraum seine im Entstehen befindlichen Kunstwerke öffentlich auszustellen – „uns" und zusammen sein mit anderen Gläubigen verdeutlicht die liebevolle Gemeinschaft, die Menschen anzieht. Ein Kunstwerk offenbart immer den Künstler. Niemand betrachtet einen Manet und verwechselt ihn mit einem Warhol oder deutet auf einen Renoir und sagt, „Michelangelo hat es richtig gut getroffen, als er diese Bootpartys malte." Wir erkennen Künstler an ihrer Kunst. Schon oft habe ich einen Song gehört und erkannt, wer ihn geschrieben hat, bevor ich die Danksagungen auf der CD gelesen hatte, denn ich erkannte ihren unmissverständlichen Stil. Wenn ein Künstler seine Kunst erschafft, kann er sich nicht mehr verstecken. Was und wie er malt, schreibt oder komponiert offenbart uns seine Persönlichkeit. Jeder Künstler lebt seine Kunst seiner Persönlichkeit gemäß. Wenn wir uns ihm vollkommen ausliefern und die Freiheit geben, sich durch uns auszudrücken, wird er bekannt werden, weil wir Gottes Kunstwerke sind. Die Menschen werden Gott mehr an deinen Taten erkennen als an deinen Worten. Denke an die Worte von Irenaeus: „Die Herrlichkeit Gottes offenbart sich im vollkommen lebendigen Menschen."

Einmal kam eine Frau nach einem Vortrag auf mich zu und sagte, „Ich verstehe, was sie über Gott sagen. Ich erkannte meinen Vater in seiner Kunst. Er war Maler und Dichter und ein sehr ruhiger Mann. Ich stand neben ihm während er malte und manchmal schaute er mich an und sagte, „Pass auf", und es flog manche Farbe spektakulär über die Leinwand und wir beide lachten. Ich kannte ihn und liebte ihn durch seine Kunst."

Wir müssen bereit sein, von Gott offenbart zu werden, wann und wo er das möchte. Das bedeutet, wir müssen bereit sein Fragen über unseren Glauben zu beantworten, wie der Geist uns führt. Manchmal werden wir dazu gerufen, Zeuge zu sein. Beachte, ich gebrauche das Wort Zeuge als Substantiv. Die Christen haben erst in der Neuzeit dieses Wort fälschlicherweise in ein Verb umgewandelt. Im Gerichtssaal wird der Zeuge aufgerufen, die Erlebnisse zu bezeugen, die er hatte und nicht das, was er glaubt. Wenn du dem Richter erzählst, dass du gar nicht selbst gesehen hast, wie John das Gewehr abfeuerte, mit dem Mary getötet wurde, würde er deine Aussage aus dem Protokoll streichen lassen und dich daran erinnern, nur das zu sagen, was du tatsächlich gesehen hast. Das Gericht ist nicht an dem interessiert, was du glaubst, nicht einmal, dass du das Zeugnis eines anderen weitergibst, was man dann als Hörensagen bezeichnet. Es ist ausschließlich interessiert an dem, was du selbst gesehen und gehört hast, ein Modell, das die Jünger und die erste Kirche in der Apostelgeschichte vorlebten. Wenn sie von ihrem Glauben sprechen, erzählen zu viele Christen von dem, was sie glauben (und hoffen) dass es wahr ist und nicht von ihren eigenen persönlichen Erfahrungen mit Gott. Ist es dann verwunderlich, dass die Zuhörer die mangelnde Authentizität wahrnehmen und das Gesagte gedanklich aus ihrem Protokoll streichen? Johannes sagte, dass er über das sprach, was er durch das Wort Gottes gehört, gesehen und getan hatte (1.Johannes 1;1-3) Er verlief sich nicht im Hörensagen. Johannes Kapitel 9 erzählt ein wunderschönes ehrliches Beispiel eines guten Zeugen in Aktion. Jesus heilte einen Blinden, indem er ihm sagte, er solle sich im Teich von Siloah waschen. Die Nachbarn dieses Mannes waren von diesem Wunder erstaunt und erzählten es sofort den Pharisäern, die ihn daraufhin über Jesus und wie dieses Wunder geschehen konnte, in die Mangel nahmen. Sie sagten ihm, dass Jesus ein Sünder wäre, weil er am Sabbath heilte. Der Mann wiederholte, dass er nicht wisse ob Jesus ein Sünder war, alles was er wusste war, dass er blind gewesen war und nun sehen könne. Ich liebe das! Hier fehlt vollkommen jede Form von Theologie oder Religion. Er war der vollkommene Zeuge, er hielt an dem fest, was er erfahren hatte. Tun wir das auch?

Einer nach dem anderen

Als meine Tochter zwei Jahre alt war, fuhr ich mit ihr einmal zum Supermarkt. Sie war unterwegs sehr schweigsam und offensichtlich in Gedanken vertieft, als sie plötzlich fragte, „Papa, ich weiß wie viele Menschen es auf der Erde gibt." Ich antwortete, „Wirklich, Britt? Wie viele sind es denn?" Sie erwiderte, „Zweihundert." Ihre Worte brachten mich zum Nachdenken und ich erkannte, dass sie Recht hatte, es gab ungefähr zweihundert Menschen in meiner Welt, Menschen die ich kannte und direkt zum guten oder zum bösen beeinflussen konnte. Als wir nach Hause kamen nahm ich meinen Taschenrechner und begann ein paar Zahlen einzugeben. Wenn der großartigste Evangelist der Welt an jedem Abend des Jahres eintausend Menschen gewinnen könnte, er niemals Urlaub nehmen und keiner dieser Bekehrten „rückfällig" werden würde, würden wir seinen Dienst mit Sicherheit finanziell in hohem Maß unterstützen. Diese Zahl sieht nach einem guten Investitionsertrag aus. Dennoch würde es 16.400 Jahre dauern, um so die gegenwärtige Weltbevölkerung für Jesus zu gewinnen. Das ist beinahe dreimal länger als die bisher aufgezeichnete Weltgeschichte. Wenn jedoch eine Person eine andere zu Jesus führt und diesen neuen Gläubigen ein Jahr lang begleitet und jeder dieser neuen Gläubigen innerhalb des nächsten Jahres wieder eine Person zum Glauben bringen würde, und so weiter, würde dieses zellartige Wachstum in nur dreiunddreißig Jahren die gesamte Weltbevölkerung zu Jesus führen. Effektiv, ja, Realistisch, vielleicht, Sexy, nein. Es hat nicht den Motivationsquotienten eines großen Events. Und dennoch, ist es nicht weitaus künstlerischer und persönlicher und wirkungsvoller, jeden einzeln in die Familie Gottes einzuführen, statt alle Nicht-Christen zusammen auf das Fließband der massenproduzierten Erlösung zu werfen?

Sei bereit zur Vorführung – auch zu komischen Zeiten

Es liegt häufig nicht in unserer Hand, wo und wann wir zur Ehre Gottes dargestellt werden. Ich wartete einmal auf das Einchecken für einen Flug nach Alaska, als die Flugbegleiterin bemerkte, dass ich meine Gitarre dabei hatte. „Sie spielen Gitarre?“, fragte sie aufgeregt, „Wie heißen Sie?“ Ich sagt ihr, meine Name wäre Bob und wollte gerade dazu sagen, dass ich nicht irgendjemand berühmtes wäre, als sie sich herumdrehte, sich das öffentliche Mikrofon schnappte und allen versammelten Passagieren, die auf den gleichen Flug warteten, mitteilte, „Meine Damen und Herren, wir haben heute Abend Unterhaltung während unseres Fluges! Dies hier ist Bob und er wird für uns singen während wir nach Alaska fliegen." Jeder, der gerade las, schlief oder vorgab zu lesen oder zu schlafen wurde auf einmal lebendig und begann zu applaudieren. Plötzlich schien eine Party für alle in Aussicht. Ich selbst war schockiert und begann für die sofortige Entrückung der Gemeinde zu beten. Dann betete ich dafür, dass sie ihre Idee wieder vergessen und wir einen typischen, langweiligen Flug haben würden. Ich hatte kein Glück. Am Ende ihrer Sicherheitsdemonstration fügte die Flugbegleiterin noch einmal bestimmt hinzu, „und Bob wird heute Abend für uns singen!" Ich hatte keine Ahnung wie ich an Bord ein „Konzert" spielen sollte, dies war schließlich keine Kirche und nicht alle diese Menschen waren Christen. Ich hatte jedoch das bestimmte Gefühl, dass Gott mich zeigen wollte, ob mir dies nun gefiel oder nicht. Nach Hälfte der Fluges hörte ich die Stimme der Flugbegleiterin in meinem Ohr: „Sind sie bereit?" „Ich glaube schon", antwortete ich. Sie gab über Mikrofon allen bekannt, dass es nun Zeit wäre für das Konzert im hinteren Teil des Flugzeugs. Bis auf zwei Passagiere gingen alle nach hinten und warteten darauf, dass ich die Unterhaltung ablieferte. Die Flugbegleiterin klappte einen Sitz nach unten, damit ich mit dem Gesicht zu den Menschen sitzen konnte. Ich wusste immer noch nicht, welche Songs ich spielen sollte. „Ich freue mich sehr für Sie heute Abend zu singen, ich kenne aber nicht all die Lieder, die sie vielleicht jetzt gerne hören würden", begann ich, „ich bin ein christlicher Sänger , und" – in diesem Augenblick wurde ich von einem betrunkenen Passagier unterbrochen, der, als er das Wort christlich hörte, ein angewidertes „humph!“ von sich gab und in seinen Sitz zurücksackte. Ich hatte genügend Bühnenerfahrung um zu wissen, in welcher Situation Notfallmaßnahmen eingeleitet werden müssen, also begann ich mit einem bekannten Song, der zur damaligen Zeit auf Platz Eins der Charts zu hören war. Die Menschen stimmten mit ein und sangen von ganzem Herzen mit. Wir sangen weitere Songs der Beatles, Crowded House, U2 und The Police. Die Party war in vollem Gange. Dann fragte mich jemand, ob ich auch selbst geschriebene Songs hätte, die ich singen könnte. Ich hatte hunderte von eigenen Songs, ich empfand aber, ich sollte diese Menschen damit jetzt nicht „zupredigen“: Während ich verzweifelt die mentale Musikbox des Bob Kilpatrick durchforschte, fiel mir ein, dass ich einen Song für meine Kinder geschrieben hatte, der herzerwärmend aber nicht ausgesprochen geistlich war. Also kündigte ich den Song „Happy Family“ an und sang:

Green fields, trees against the sky,
Grüne Felder, Bäume bis zum Himmel
Children running by me,
Kinder laufen neben mir
It's my four boys, laughing as they play,
Es sind meine vier Jungs, die lachen wenn sie spielen
Making my heart so very glad.
die mein Herz so glücklich machen
Then I hear their mama call, "Supper's on the table,
Dann höre ich wie ihre Mama ruft „Das Essen steht auf dem Tisch“
Come wash your hands and settle down to eat."
„Kommt wascht eure Hände und setzt euch zum essen“

There's a tear in my eye, I'm happy to be
Da ist eine Träne in meinem Auge, ich bin froh
The daddy of this happy family.
der Vater dieser glücklichen Familie zu sein.
Ooh, it's so good to have a happy family.
Es ist so gut eine glückliche Familie zu haben.
You can have a happy family too.
Du kannst auch eine glückliche Familie haben
I may never be rich enough
Nichts könnte mich reicher machen,
To give my family all that they desire.
als die Wünsche meiner Familie zu erfüllen
But I know we'll have plenty of
Ich weiß wir haben viele der Dinge,
The things that make a home full of love.
die ein Zuhause zu einem Ort der Liebe machen

Ich hatte den Song gerade beendet, als ein Signal ertönte und das Anschnallzeichen erschien, was sagte, wir befänden uns jetzt im Landeanflug. Als wir das Flugzeug verließen, war ich umgeben von Menschen, die mir für diese wunderschöne Erfahrung während des Fluges dankten. Selbst der betrunkene Typ war berührt. Mein Abholdienst am Flughafen war überrascht von all den Menschen, die mir zum Abschied die Hand schüttelten und über das Konzert an Bord sprachen. Es gab keinen Bekehrungsaufruf oder den Augenblick der Lebensübergabe. Aber Gott hatte mich all diesen Menschen in einer Art und Weise gezeigt, die in seine Absichten für ihr Leben passte.

Eine Gemeinschaft von Zeugen

Die christliche Gemeinschaft ist per Definition eine Sammlung von gerade entstehenden Kunstwerken. Wir sind eine Gemeinschaft, die in der Liebe verwurzelt ist ,oder sein sollte, in der Liebe, die Gott gebraucht, um Menschen zu sich zu ziehen. Sie ist die unwiderstehlichste Form von Gemeinschaft auf diesem Planeten. Liebe ist ihrem Wesen nach evangelistisch. Sie heißt Menschen willkommen und nötigt Menschen sogar dazu zu gehören. Ich weiß dies aus erster Hand, denn es war eine liebende Gemeinschaft, die mich zu einem hingegebenen Nachfolger Jesu machte. Ich war siebzehn Jahre alt, lebte in Los Angeles und probte für das Musical *Hair*. Ich war dorthin gezogen, um Karriere als Schauspieler zu machen, nachdem ich fünf Monate lang als Mitglied einer Theatergruppe durchs Land gereist war, die sich „christlich" nannte, deren Mitglieder aber – kein Witz – aus einem buddhistischen Kloster kamen, zwei andere Mitglieder zur terroristischen *Weather Underground* Organisation gehörten, ein Typ, der zunehmend daran interessiert war Hexenmeister zu werden und einem Mädchen, das an jedem Ort an dem wir anhielten, mit mehreren Typen ins Bett ging. Dies war mit Sicherheit nicht die Art christlicher Gemeinschaft nach der ich suchte. Ich hatte die Gruppe verlassen und hauste in der Wohnung eines Freundes in Los Angeles. Ich besaß so gut wie nichts. Der Küchenschrank war leer, abgesehen von einer Dose geschroteten Weizens und einer Flasche gelben Senfes, beides schon über drei Monate alt. Aber die Dinge sollten sich nun ändern, ich hatte meine große Chance bekommen: Ich war zum Vorspiel für die Los Angeles Premiere von „Hair" eingeladen, was bedeutete, dass ich einen Platz in der Produktion sicher hatte. Es war nur noch die Frage, welche Rolle sie mir geben würden.

Aber an dem Tag, an dem ich für die Probe einer Hauptrolle vorgesehen war, erhielt ich einen Brief von meinem Vater, in dem im Grunde stand, „Sohn, komm nach Hause." Ich dachte, er wusste welchen Lebensstil ich gerade lebte, mit welchen Typen ich abhing und wie arm ich war, nicht nur finanziell, sondern auch geistlich.

Ich saß mit einem Freund im Auto auf dem Parkplatz vor dem Theater und wartete auf meinen Aufruf. Ich las den Brief immer und immer wieder und entschloss mich dann in einem Augenblick die Probe abzusagen und nach Hause zu fahren. Mein Vater kaufte mir das Flugticket und ich verließ Los Angeles, um nach Hause zu fliegen. Dort erwartete mich eine große Überraschung. Meine Familie hatte sich dramatisch verändert, sie lebte tatsächlich mitten in einer Erweckung, wie sie jedem vertraut ist, der die Jesus-Bewegung oder charismatische Erneuerung erlebt hat. Es fanden Gottesdienste in unserem Wohnzimmer statt, in denen Menschen tanzten und sangen, „Der Heilige Geist wird deine Füße zum tanzen bringen. Der Heilige Geist wird dich immer wieder von neuem erfüllen." Nach Hause zurückgekehrt erlebte ich eine lebendigere Gemeinschaft, als ich es bisher jemals erlebt hatte. Ich fühlte ihre Liebe und Freude. Es war überwältigend, echt und ich wollte das auch. Ich musste dazugehören. Ich traf direkt dort die Entscheidung, alle anderen Lebenspläne niederzulegen und Jesus zu folgen. Ich tat dies nicht wegen eines Traktats oder Arguments. Mein Vater setzte sich nicht neben mich und sagte, „Nun, Bob, es ist Zeit deine Lebensprioritäten in Ordnung zu bringen." Ich tat dies, weil mein Herz sich danach sehnte, einer echten Gemeinschaft von Gläubigen anzugehören und die Art freudiger Beziehung mit Jesus zu haben, die ich in ihnen sah.

Es ist einer der tiefsten Schreie des menschlichen Herzens, einer unterstützenden und herausfordernden Gemeinschaft anzugehören, in der unsere „Kunst" – wir selbst – entwickelt wird. In der Gemeinschaft Gottes werden wir durch den Meisterkünstler persönlich in dauerhafte Meisterstücke geformt. So funktioniert Evangelisation: Liebevolle Beziehungen üben magnetische Anziehungskraft aus. Gott liebt uns. Wir lieben ihn und einander, dies ist die vollmächtigste Waffe auf Erden. Zeuge ist kein Verb, es ist wer du bist. Fang an du selbst zu sein. habt Gemeinschaft. Liebe. Denkt daran, Gott will euch als sein Kunstwerk der Welt zeigen.

6

Kunst und unsere persönlichen Begrenzungen

Wir erscheinen so frei und werden
so schnell gefesselt!
Robert Browning, Dichter

Kunst ist Begrenzung. Das wesentli-
che eines jeden Bildes ist der Rahmen.
G.K.Chesterton

Beurteile ein Kunstwerk nie-
mals nach seinen Fehlern
Washington Allston, amerikanischer Romantik-Maler des 19.Jahrhunderts

Cindy und ich bahnten uns einen Weg durch die labyrinthartigen Gänge im riesigen Louvre Museum in Paris. Jeder der schon einmal dort gewesen ist weiß, wie atemberaubend groß dieser Gebäudekomplex ist. Mit seinen zahllosen Ausstellungen würde es Wochen dauern, um jeder die Aufmerksamkeit zu geben, die sie verdient. Wie die meisten Besucher hatten wir jedoch nur einen Tag zur Verfügung und unser besonderes Ziel, wie das jedes anderen Touristen in Paris zu jener Zeit, war es, die *Mona Lisa* von da Vinci zu sehen, wohl das weltweit berühmteste Gemälde. Schon der Weg zur *Mona Lisa* ist wie eine Reise durch die Kunstgeschichte. Wir kamen durch Räume voller Skulpturen, wir sahen einheimische Kunstwerke hinter Glas, Renaissancekunst mit großen vergoldeten Rahmen und vieles mehr. Schließlich schafften wir es bis ans Ende eines besonders langen, sonnenbestrahlten Korridors, verziert mit unbezahlbaren Ölgemälden. Dort zur Rechten war die „*Mona Lisa*", in ihrer eigenen großen Nische und ich lachte beinahe laut auf wegen dem Unterschied zwischen der Wirklichkeit und meinen Erwartungen. Das Gemälde ist nur 76 mal 50 cm groß und sieht wie verkleinert aus, selbst nachdem wir uns durch die Massen gedrängelt hatten und so nah wie möglich davor standen.

Ähnlich ist es mit van Gogh's berühmten Bild „*Stern-*

klare Nacht" (zu sehen im Museum of Modern Art in New York), das nur 94 mal 73 cm groß ist, wahrscheinlich kleiner als dein Badezimmerspiegel.

Manche unserer größten Kunstwerke sind nicht größer als Serviertabletts Die Werke der Meister sind so präsent in unserer kollektiven Vorstellungskraft, dass sie nicht sehr beeindrucken, wenn man sie dann real sieht. Dennoch wurden auf diesen kleinen Stücken von Leinwand und Holz großartige Geschichten erzählt und auch Geschichte geschrieben. Die Größe jedes einzelnen Gemäldes ist nicht so bedeutsam wie das Gemälde selbst. Sämtliche Kunst, besonders die hervorragendste, wird zwangsläufig durch ihre Begrenzungen definiert. Jede Leinwand hat eine Grenze und jedes Lied hat einen Anfang und ein Ende. Tatsächlich ist der Rand einer Leinwand oder das Ende eines Songs oder Schauspiels von großer Bedeutung und muss vom Künstler von Anfang an bedacht werden, damit er sein Bestes geben kann. Auch wir, als Kunstwerke Gottes, wurden geschaffen, um großartig zu sein trotz, oder sogar wegen unserer Begrenzungen. Gott hat sich in jedem von uns einzigartig ausgedrückt und gebraucht unsere Begrenzungen zu seiner Ehre.

Jedes Leben und auch jedes geschaffene Werk hat Grenzen. Unsere Körper können nur eine gewisse Menge Raum einnehmen und auch nur an jeweils einer Stelle gleichzeitig sein. Wir haben begrenzte Intelligenz und Kraft. Unsere Tage haben einen Anfang und ein Ende. Wir alle erreichen eine gewisse Größe und Gewicht, Gesundheitszustand, Augenlicht und so weiter. So wie wir niemals akzeptieren würden, dass sämtliche Gemälde sich einer beliebigen Leinwandgröße anzupassen haben, müssen wir erkennen, dass Gott die Freiheit hat, sich auf einzigartige Weise in jedem von uns auszudrücken. Er möchte in unserem Leben ein bestimmtes Kapitel seiner großartigen Geschichte erzählen und Begrenzungen sind ein notwendiger und natürlicher Bestandteil dieser Geschichte.

Als wir damals im Louvre standen und die *Mona Lisa* bestaunten, war es nicht viel was wir sahen. Es war ein Pappelbrett bemalt mit einer Palette gedeckter Grün -und Brauntöne. Eine Straße wandte sich durch den Hintergrund hinter dem berühmten, rätselhaften Lächeln der Person. Was mich aber wirklich faszinierte war dass, was eigentlich fehlte. Es war einfach das Portrait einer Frau. Es gab keinen Sternenhimmel oder die mutigen Farbstriche van Gogh's. Es gab keine von Monets aufschreckenden farbigen Stadtszenen oder Heuballen. Auch Rembrandts Kunst mit Licht und Schatten umzugehen war nicht erkennbar. Aber leidet die *Mona Lisa* an dem, was ihr fehlt? Genießen wir sie weniger, weil es keine Heuballen oder Sterne zu sehen gibt? Nein, denn jede Person und jedes Gemälde ist ein Fenster in die Vorstellungswelt des Künstlers. Wir sehen durch seine Augen den Teil der Welt, den er uns gerne zeigen möchte. Was der Künstler darin einschließt und ausschließt und wie er es einrahmt, hilft ihm eine gewisse Geschichte zu erzählen. Genauso erzählt Gott durch dich eine Geschichte.

Unsere Begrenzungen akzeptieren

Grenzen gefallen mir nicht. Ich möchte, wie die meisten Menschen, nicht eingepfercht sein. Wenn mich jemand als Musiker bezeichnet, weise ich ihn immer darauf hin, dass ich auch ein Redner bin. Wenn sie mich als eine Persönlichkeit aus dem Radio erkennen, erinnere ich sie daran, dass ich auch Musikproduzent bin und ich schreibe auch Bücher!

Vor einigen Jahren versuchte ich so zu leben, als hätte meine Leinwand keinerlei Begrenzungen. Ich versuchte Bob der Renaissance-Mann zu sein, empfand mich aber als äußerst mittelmäßiges Kunstwerk. Kunst, die versucht grenzenlos zu sein, wird am Ende nutzlos. Deshalb hat Gott auch keine Schwierigkeiten mit unseren Begrenzungen. Er erschuf uns sogar damit, denn sie dienen als Rahmenbedingungen für sein großes Kunstwerk. Unsere Begrenzungen sind der Rahmen für Gottes außergewöhnliche Kreativität.

Als ich begann mit dem Aufnehmen von Musik zu experimentieren, besaß ich nichts außer einem Vierspur Kassettenrekorder und einem Drumcomputer. In meinen ersten Versuchen war ich beeinflusst von dem Album *Dakota* von Bruce Springsteen. Was mich daran am meisten beeindruckte war, dass Springsteen innerhalb der Grenzen seiner Aufnahmetechnik spielte und ein kraftvolles Album herausbrachte, das nicht vorgab etwas zu sein, was es nicht war. Meine Lektion hier war einfach: nutze deine Begrenzungen um deine Geschichte zu erzählen. Wenn du deine Begrenzungen verleugnest und versuchst, deinen Vierspursong so klingen zu lassen als wäre er im Abbey Road Studio in London auf vierzig Spuren aufgenommen worden, arbeitest du gegen die Ausstrahlungskraft deines Kunstwerks und wirst beschämt werden. Deine eigenen Begrenzungen zu lieben ist die einzige Möglichkeit, ein ehrliches und wahrhaftiges Stück Kunst hervorzubringen.

Als ich heranwuchs sagten mir gewisse Leute immer wieder, „Du kannst alles tun, was du willst." Wenig später und nach vielen Enttäuschungen erkannte ich, dass dies eine fürchterliche, wenn auch gut gemeinte Lüge ist. Ich kann nicht alles tun, was ich will, wie sehr ich es auch versuche. Und du kannst das auch nicht. Stattdessen hat Gott jeden von uns mit einigen wenigen sicheren Dingen ausgestattet, die wir gut können. Er hat uns Grenzen auferlegt. Es ist also keine Überraschung, dass wir dann die schlimmsten Zeiten in unserem Leben erleben, wenn wir versuchen, außerhalb unserer Grenzen zu arbeiten und einen Traum versuchen zu verwirklichen, der nicht der Vision des Künstlers entspricht.

Es verkompliziert die Dinge, wenn unser Traum unseren natürlichen Fähigkeiten sehr ähnlich ist. Als ich anfing Musik zu machen wollte ich einer von den Typen in meinem Alter sein, die ich auf den Covern christlicher Platten sah. Sie hatten Bands, ich wollte eine Band! Sie rockten, also wollte ich auch Rockmusik machen! Sie hatten Agenten und Manager, Label und Hairstylisten. Ich hatte meinen Küchentisch und ein Telefon und ich kämpfte gegen die Einschränkungen meines Lebens. Ich wollte mich meiner Vorstellung dieser Stars anpassen, Gott hatte jedoch etwas anderes für mich im Sinn, etwas für mich wesentlich besseres. Es tut mir leid es sagen zu müssen, aber es ich brauchte Jahre, um Frieden mit meiner Art geistlichem Dienst zu finden. Die Bibel spricht davon, dass wir töricht sind, wenn wir uns miteinander vergleichen. Der Apostel Paulus gebrauchte das Bild des Leibes, um die Korinther zu lehren, dass die Unterschiedlichkeit in den Gaben etwas sei, worüber man sich freuen kann.

„Wenn der ganze Leib Auge wäre," sagt er, „wo bliebe dann das Hören?" (1.Korinther 12;17). So mag es dich vielleicht genauso wie mich überraschen, dass Gott nicht darauf wartet, bis wir unsere Begrenzungen überwunden haben. Tatsächlich tut Gott sein bestes Werk in unseren scheinbar am meisten lähmenden Umständen. Stell dir einmal das Kreuz vor. Denke daran, was Jesus Paulus sagte: *"Lass dir an meiner Gnade genügen, denn meine Kraft ist in den Schwachen mächtig"* Achte darauf, Jesus sagte nicht, „Meine Stärke ist dann vollkommen, wenn du ausreichend Glauben hast, deine Schwächen zu überwinden." oder, „Meine Stärke wird dann vollkommen sein, wenn ich all diese Fehler aus deinem Leben herausgearbeitet habe." Was Jesus sagte war, *„Meine Stärke ist in den Schwachen mächtig."* Man kann nicht mehr anti-mathematisch sein als das.

Als Musikproduzent lernte ich, dass es in der Musik, die ich produzieren kann, Grenzen gibt. Ich bin aus diesem Grund für manche Musiker genau die richtige Wahl und für andere die falsche. Ich tendiere zu einfacher, gitarrenlastiger Musik. Ich mache nicht viele weitschweifige Orchesteraufnahmen, „Diva-Pop", oder elektronische Sequenzen (es sei denn es passt zu dem jeweiligen Song).

Ich habe mit vielen Musikern wunderbare Erfahrungen gemacht aber im Aufnahmeprozess auch einige Fehleinschätzungen erlebt. Es ist entsetzlich, ein Projekt bis zum Ende durchzuziehen, wenn sowohl der Künstler als auch ich wissen, dass seine oder ihre künstlerische Vision außerhalb meiner Begrenzungen liegen. Ich hatte deshalb damit begonnen, mit potentiellen Künstlern intensive Gespräche zu führen, nicht so sehr um herauszufinden, ob ich mit ihnen arbeiten würde, sondern ob ich überhaupt mit ihnen zusammenarbeiten sollte. Das Wissen um meine Begrenzungen, die Form meiner Leinwand und zu wissen wann ich nein sagen sollte, haben mein Leben weitaus besser gemacht und es mir gestattet, mit den Musikern zu arbeiten, denen ich wirklich weiterhelfen konnte. Wir sind dann am besten, wenn wir innerhalb unseres Rahmens arbeiten und es braucht manchmal jemanden, uns das zu sagen. Diese Zurechtweisungen sind selten willkommen, können aber lebensverändernd und gut sein. Ich war einige Jahre Lobpreispastor – ein *schlechter* Lobpreispastor. Ich liebte die Menschen, ich hatte jedoch keinen Mut für die Art von Verantwortlichkeit, welche die Gemeindeleitung von mir erwartete. Eines Tages rief mich Pastor Earl Johnson von der Bethel Church in Redding, Kalifornien, zu sich in sein Büro. Ich hatte das Gefühl persönlich vor dem Richterstuhl erscheinen zu müssen. Er erzählte mir, worin ich gut sei und was nicht so gut lief. Er war nicht gemein, es war Ausdruck seiner Liebe zu mir. Er hatte mich beobachtet und wusste besser als ich, welche Art von Dienst für mich am besten passte. Er bot mir die volle Unterstützung der Gemeinde an, als ich dabei war mich auf den musikalischen Reisedienst vorzubereiten. Und er blieb auch weiterhin ein großartiger Unterstützer meines Dienstes, manchmal lobte er mich und zu anderen Zeiten korrigierte er mich. Er half mir, meine Kunst innerhalb meiner Begrenzungen auszuleben und den Rahmen und die Grenzen in meinem Leben wahrzunehmen. J.B.Phillips übersetzt die Stelle in Römer12;3 mit der Feststellung, dass wir eine „gesunde Einschätzung" unserer Möglichkeiten haben sollten. Mit anderen Worten, Gott ruft uns auf, unsere Grenzen zu verstehen, innerhalb dieser zu leben und uns an dem zu freuen, was er in uns und durch uns tun wird.

Begrenzungen erschaffen Schönheit

Begrenzungen sind ein notwendiger und unvermeidlicher Bestandteil der Schönheit, die Gott in uns schafft. Ich zitierte zu Anfang dieses Kapitels G.K.Chesterton: "Kunst ist Begrenzung. Das Eigentliche eines jeden Gemäldes ist der Rahmen" Robert Frost sagte einmal den berühmten Satz, dass ein Gedicht ohne Reim und Versform zu schreiben, sei, wie Tennis zu spielen ohne Netz. Ich lege mir als Komponist oft strenge Begrenzungen auf, bevor ich an einem Song zu schreiben beginne, damit daraus etwas Wunderschönes entstehen kann. Ich begrenze die Anzahl der verwendeten Akkorde oder lehne mich sehr eng an den Stil eines anderen Komponisten an oder lege fest, welche Instrumente in diesem Song gespielt werden und wie „wortreich" er sein wird.

Ich habe herausgefunden, dass meine unvergesslichsten Songs die sind, denen ich eindeutige Grenzen auferlegt habe. Mein bekanntester Song, „Lord, Be Glorified," braucht im Refrain nur fünf Noten. Er ist fast beschämend einfach und dennoch wunderschön. Ein weiteres bekanntes Lied von mir, "I Will Not Be Ashamed" hat nur zwei Griffe im gesamten Song. Richtig, nur zwei Griffe und der Song kann eine halbe Stunde lang gespielt werden und hört sich immer noch frisch an. In beiden Songs ist es der Rahmen, der die Kunst fördert und sie zu dem macht, was sie sind. Es ist für mich also einfach mir vorzustellen, dass Gott jedem von uns schon vor Anbeginn der

Welt bei unserer Empfängnis Begrenzungen auferlegte. Unsere sogenannten „Schwächen“ werden mit eingebaut. Sie waren Gottes Idee.

Wir müssen an dieser Stelle jedoch eines klarstellen: wenn ich über Begrenzungen und Schwächen spreche, rede ich nicht von sündhaften Gewohnheiten oder Problemen, die das Leben kontrollieren. Gott wird aller Wahrscheinlichkeit nach nicht mit deiner Alkohol -oder Ehebruchbeschränkung arbeiten (es sei denn auf erlösende Weise, was etwas vollkommen anderes ist). Ich spreche über Bereiche, in denen wir das Gefühl haben, nicht zu genügen, wo wir nicht das „Talent“ haben wie andere und auch von den Bereichen in denen wir uns durch hartnäckige Probleme oder Tendenzen wie geplagt oder gequält fühlen. Dies war der Stachel im Fleisch womit Paulus kämpfte, als der Herr feststellte, dass seine Macht in den Schwachen mächtig ist. Und dieser schien Paulus auch dazu herauszufordern, seine eigenen Begrenzungen zu akzeptieren, damit er sagten konnte,

„Wenn ich mich denn rühmen soll, will ich mich meiner Schwachheit rühmen.“ (2Korinther 11,30).

Für denselben will ich mich rühmen; für mich selbst aber will ich mich nicht rühmen, außer meiner Schwachheit (2.Korinther 12;5)

Und er hat zu mir gesagt: Lass dir an meiner Gnade genügen; denn meine Kraft ist in den Schwachen mächtig. Darum will ich mich am allerliebsten rühmen meiner Schwachheit, damit die Kraft Christi bei mir wohne. (2.Korinther 12;9)

Paulus verstand, dass im Reich Gottes Stärke Schwäche bedeuten kann und Schwachheit Stärke. Er schämte sich also nicht, offen über seine Begrenzungen zu sprechen. Er schrieb, *„Wir aber wollen uns nicht über alles Maß hinaus rühmen, sondern nur nach dem Maß, das uns Gott zugemessen hat, nämlich dass wir auch bis zu euch gelangen sollten. und rühmen uns nicht über alles Maß hinaus mit dem, was andere gearbeitet haben. Wir haben aber die Hoffnung, dass wir, wenn euer Glaube in euch wächst, nach dem Maß, das uns zugemessen ist, überschwänglich zu Ehren kommen. " (2.Korinther 10;13, 15).*

Dies ist Paulus' anmutige und weise Art die Wahrheit anzuerkennen: dass Gott uns gesunde Rahmenbedingungen in unserem Leben gegeben hat und wir dann am glücklichsten sind, wenn wir es ihm erlauben, unser Kunstwerk innerhalb derer zu erschaffen.

Unsere Begrenzungen akzeptieren gibt uns Frieden

Wir werden erst dann inneren Frieden erleben, wenn wir akzeptieren wer wir sind, inklusive unsere Schwächen. Hin und wieder höre ich eine neue Version der gleichen alten „Wohlstands-Botschaft": Gott hat niemals für uns geplant, dass in unserem Leben irgendwelche Begrenzungen sind, wenn wir also nur den Teufel zurückweisen und Gott vertrauen, werden wir reich sein, Vollmacht haben, Gunst, Gesundheit und alles andere erleben, was wir wollen. Der Gedanke der daraus folgert sagt, dass wenn wir krank sind und nicht geheilt werden, etwas in unserem Leben nicht stimmen kann. Das ist reine Mathematik und offensichtlich unbiblisch. Dies ist die verzweifelte Suche nach dem Minus in der Sünden-Spalte, das für den Mangel verantwortlich ist und uns sinnvoll erscheint. Es ist ein Versuch, sämtliche Beschwerden, Missmut und Leid zurückzuweisen, die Hände Gottes vom Ton unseres Lebens wegzustoßen und damit die Wege einzugrenzen, mit denen er uns in das Bild Jesu formen kann.

Viele dieser „Überwinder" sind Fans des Zitierens von Philipper 4;1-13, *„Ich vermag alles durch den, der mich mächtig macht, Christus."* Sie gehen allerdings vollkommen an der Bedeutung des Verses vorbei. Paulus sprach nicht davon von sämtlichen Einschränkungen und Begrenzungen befreit zu werden, sondern inmitten von Einschränkungen und Begrenzungen zufrieden zu sein. Ob es für ihn angenehm war oder nicht, Paulus war zuversichtlich, dass Jesus ihn inmitten der ihm von Gott aufgelegten Begrenzungen stärken würde. Dies ist eine Botschaft der Kunst.

Alle paar Jahre höre ich eine neue Geschichte von jemandem mit eindeutiger Behinderung, der diese überwunden hat und ein Leben in Fülle leben kann. Es gab Helen Keller, die mit neunzehn Monaten blind und taub geworden war. Es gibt Menschen, denen Arme und Beine fehlen oder sogar sämtliche Gliedmaßen, die wieder lernen Dinge zu tun, die wir als unmöglich betrachten würden, wie Instrumente spielen und Auto fahren. Wir sind zutiefst berührt wenn wir sehen, was diese Menschen tun können und vor allem auch glücklich und erfüllt sind. Was ist das was uns bewegt, abgesehen von der Erkenntnis, dass Gott innerhalb ihres äußerst eingeschränkten Rahmens ein großes Kunstwerk geschaffen hat? Ihr Überwinden geschieht nicht auf wundersame Art, dass ihre Gliedmaßen wieder gewachsen wären oder sie ihr Augenlicht oder Gehör wieder empfangen hätten, sondern es geschieht in wunderbarer und kreativer Weise innerhalb der manchmal unglaublichen Begrenzungen, die ihnen auferlegt wurden. Für wie viele Dinge betest du momentan, die außerhalb deiner Grenzen liegen? Wie viel Frustration empfindest du, weil du dir Sorgen machst über etwas, dass außerhalb des Rahmens deiner Leinwand liegt? Wie oft hast du versucht, grenzenlos zu sein oder dir gewünscht, dass deine Begrenzungen die von jemand anderem wären?

Kunst freut sich daran, wie Gott uns geschaffen hat. Sie ist sich bewusst, dass er innerhalb der Grenzen unseres Lebens arbeitet und etwas Wunderschönes aus uns formt. Paulus konnte sich seiner Schwachheit rühmen statt sie nur widerwillig hinzunehmen. Ein künstlerisches Lebensverständnis gab ihm die Möglichkeit, so etwas zu sagen. Das Akzeptieren unserer Schwächen und Begrenzungen gibt uns die Möglichkeit, die Tür zu öffnen und Gott einzuladen. Wir gestatten ihm, sie zu beseitigen oder zu verändern oder sie überraschenderweise auch zu gebrauchen.

Denk einmal zurück, als du das letzte Mal vollkommen in einem Gemälde, Song oder Theaterstück aufgegangen bist. In jedem Kunstwerk scheint eine grenzenlose Weite erkennbar zu sein. Wir spüren, dass es in einem Gemälde eine Welt gibt, die über den Horizont hinausgeht. Wir können dorthin aufbrechen, könnten wir nur in die Leinwand hineinsteigen. Erzählungen präsentieren ganze Welten von Menschen und Orten, die unsere Gedanken derart anregen, als wären sie real. Und Musik , die beste

Musik, nimmt uns mit an einen zeitlosen Ort. Akzeptieren, dass die Leinwand unseres Lebens eine Grenze hat bedeutet nicht, dass wir „uns mit weniger zufrieden geben", es bedeutet, dass wir uns innerhalb der uns von Gott geschaffenen Grenzen niederlassen und bereit sind zu beobachten, wie der Meisterkünstler seine grenzenlose Geschichte auf unser Leben malt.

Die Begrenzungen anderer annehmen

Die meisten berühmten Gemälde, die Cindy und ich in Paris gesehen haben, waren in ihren Dimensionen uneinheitlich. Es gab damals noch keine Massenproduktion. Jeder Rahmen wurde wahrscheinlich durch den Künstler handgefertigt, also war jeder in seiner Größe und Konstruktion einzigartig. Die Materialien, die sie verwendeten waren ebenfalls sehr unterschiedlich. Es gibt Gemälde auf vielerlei Arten: Leinwand, Holz und sogar Stein. Viele Künstler vermischten ihre Farben mit natürlichen Pigmenten, die sie in Pflanzen und Tieren gefunden hatten und deshalb gibt es so viele verschiedene Rot, Blau, Gelb und Grün wie es Gemälde gibt.

Manche Leinwände sind so dick mit Farbe überzogen, dass sie beinah dreidimensional erscheinen, andere wiederum sind mit dünnen Farbauflagen entstanden. Manche Künstler übermalten frühere Versuche, was in den vergangenen Jahren durch die infrarote Reflectographie nachgewiesen werden konnte (Dieser Umstand „Reflectographie" ist eine wunderschöne Predigt zum Thema Versöhnung, die ich dich zu dir selbst predigen lasse). Gleichermaßen ist jeder von uns Gottes Handarbeit und dieses

Wissen hilft uns, andere Menschen um uns herum neu schätzen zu lernen. Wenn wir akzeptieren, dass jeder von uns durch sein persönliches Design begrenzt ist, eröffnet sich für uns die Freiheit, Menschen als diejenigen zu genießen die sie sind, anstatt sich immer zu wünschen, dass sie anders sind. Unsere Berufungen, Fähigkeiten, Neigungen und Einstellungen unterscheiden sich, es gibt jedoch für jeden von uns eine künstlerische Vision. Wir brauchen einander genauso wie uns Gott geschaffen hat. Von Menschen zu erwarten, dass sie etwas anderes sein sollen als sie persönlich sind, ist genauso sinnlos, wie wenn man ein Countryalbum auflegt und erwartet ein Klavierkonzert von Mozart zu hören.

Gegen die Begrenzungen anderer anzukämpfen ist eine schlechte Angewohnheit. Es verursacht vieles an Unfrieden, wenn sie unseren unangemessenen Erwartungen nicht entsprechen. Wenn wir aber die Begrenzungen anderer annehmen, könnten wir uns an ihrer Art zu leben erfreuen und dann eine Welt entdecken, die weitaus größer ist, als wie sie uns durch den Rahmen erscheint. Sich ständig auf die Grenzen des Rahmens zu konzentrieren und durch seine Größe und Form immer wieder enttäuscht zu werden, führt zu Enttäuschung. Wenn du dich jedoch auf das Kunstwerk innerhalb des Rahmens konzentrierst, verlierst du dich in dieser Welt. Gehen wir nicht genau aus diesem Grund ins Museum? Um dort durch die Fenster der Zeit in eine Welt nach der anderen hineinzublicken? Ist dies nicht der Grund, warum wir Menschen beobachten, um die Größe des Künstlers in der herrlichen Vielfalt seiner Werke zu erfassen? Jesus bestätigte die einzigartige Stellung und Berufung von Menschen, wo immer er hinging. Er lobte den großen Glauben des römischen Hauptmannes, sprach freundlich mit dem Pharisäer Nikodemus und sandte den befreiten Dämonisierten zurück in sein Dorf, statt ihm zu gestatten, sich der Gruppe seiner Jünger anzuschließen. Die eigentliche, wunderschöne Aussage hinter alledem ist, dass er uns zur Einheit und nicht zur Gleichförmigkeit erschaffen hat! Die meisten Fans der Beatles wurden von der Mittelmäßigkeit von Paul's erstem Solo-Album enttäuscht, auf dem er selbst jedes Instrument spielte und jede Stimme sang. Das Schlagzeug war glanzlos, die Gitarre nachlässig und die Harmonien steif.

Ich fragte mich, ob er diesen dünnen Klang nicht selbst wahrnahm. Ich träumte davon, wie die Songs geklungen hätten, wenn John, George und Ringo sie gemeinsam gespielt hätten, wie der Druck und Zug zwischen den Typen die Songs bereichert hätte. Das gemeinsame Songschreiben von John Lennon und Paul McCartney harmonierte nur so lange, wie sie die Stärken *und Schwächen* des anderen wertschätzten. Nach dem Auseinandergehen der Beatles setzte John Paul öffentlichkeitswirksam herab, dieser würde die Welt nur mit törichten Liebesliedern erfüllen. Paul griff das auf und machte einen Hit daraus, in dem er fragte, „Aber was ist daran denn so falsch?" Beide beschrieben Pauls Begrenzungen in der Kunst. Paul glänzte mit törichten Liebesliedern. Die beiden berühmtesten Songs der Beatles aller Zeiten sind „Yesterday" und „Michelle", zwei Balladen und beide von Paul geschrieben. Wenn John (und Paul) auch weiterhin diese „Begrenzungen" freudig akzeptiert hätten, wäre ihre Freundschaft vielleicht weniger steinig gewesen und die Welt hätte noch mehr solche Liebeslieder bekommen (was wäre daran falsch?). Jeder Beatles-Fan weiß, dass Paul alleine schmalzig geworden wäre und John für sich alleine sarkastisch. Zusammen jedoch, wenn ihre Begrenzungen sich gegenseitig im Gleichgewicht hielten, waren ihre Songs reich und voll.

Das Ziel unserer Begrenzungen liegt paradoxerweise in der Herrlichkeit. Die Bibel sagt uns, dass Gott die ganze Erde mit seiner Herrlichkeit erfüllen möchte. *„Aber so wahr ich lebe und alle Welt der Herrlichkeit des HERRN voll werden soll" (4.Mose 14;21). „Gelobt sei sein herrlicher Name ewiglich, und alle Lande sollen seiner Ehre voll werden! Amen! Amen! " (Psalm 72;19).*

Manche Christen betrachten die Herrlichkeit als geheimnisvolle Verbindung zwischen Himmel und Erde, ein überwältigendes Gefühl der Macht Gottes oder eine Art wirbelnder, schwindelerregender Wolke seiner Gegenwart. Andere glauben, das Wesen Gottes ist der höchste Ausdruck seiner Herrlichkeit. Ich bin zu der Überzeugung gelangt, dass Gottes größte Herrlichkeit in den Menschen liegt, den fehlerhaften, menschlichen, begrenzten Menschen. Die Bibel sagt uns, dass die Menschheit der krönende Abschluss der Bemühungen Gottes darstellt (Psalm 8;4-8, Hebräer 2;5-8). Gott forderte die ersten Menschen auf, fruchtbar zu sein und sich zu vermehren, die Welt mit Menschen zu bevölkern, was sehr ähnlich klingt wie: *„lass die ganze Erde erfüllt sein von seiner Herrlichkeit."* Wenn die Menschheit wirklich die Herrlichkeit des Herrn darstellt, sollten wir untereinander nach seiner Herrlichkeit suchen. Dies sollte unsere Blickrichtung drastisch verändern. Wir hätten mehr Freude an dem Anders sein und den Begrenzungen des anderen, denn wir suchen nach der wahren

Widerspiegelung von Jesus, in jedem Gesicht, das uns begegnet. Und wie Paulus es ausdrückt, kann seine Herrlichkeit sich in unseren Schwächen am besten zeigen. Die Folge ist, wenn dir das nächste Mal bei einem Freund oder Familienmitglied etwas auffällt, das dich ärgert, mache dir bewusst, dass sich in dieser Schwäche die Stärke Gottes zeigen kann. Vielleicht begegnest du Gottes Herrlichkeit in den Begrenzungen dieser Person.

Wenn dir jemand mit Temperament begegnet, bedenke, dass Gott diese Charaktereigenschaft vielleicht gebrauchen möchte, den Armen zu helfen oder Menschen von der Sünde weg zu rufen. Wenn ein Freund von dir wie ein Schwächling erscheint, möchte Gott durch ihn vielleicht Menschen Trost und Erbarmen vermitteln, die an ihren absoluten Tiefpunkt angelangt sind.

Gott möchte jeden von uns gebrauchen, in all unseren Schwächen und Begrenzungen, wenn wir uns ihm ausliefern. Die Kunst sagt folgendes, „Ich werde meine Schwäche lieben, denn in meiner Schwäche erweist sich Gott als stark."

Ein seltsamer Tag in der Kirche

Mein Freund Brent Jameson war Lobpreispastor in einer Gemeinde südöstlich von Portland, Oregon, die sich in einem historischen Gottesdienstraum unter den Bäumen am Fuß des Mount Hood traf. Es war ein wunderschönes, von Hand gearbeitetes Gebäude mit Raum für gerade mal fünfundsiebzig Personen. Brent fragte mittwochs immer den Vater, was er von seinen Kindern am kommenden Sonntag gerne hören würde und plante den

Lobpreisgottesdienst mit einem hörenden Ohr in Richtung Gott. Eines Mittwochs empfand Brent, dass Gott ihn bat, die alte Hymne „In The Garden“ anzustimmen. Brent hatte diesen Song noch nie gemocht. Er dachte, dieser sei weinerlich und sentimental und überhaupt, nur alte Leute würden ihn mitsingen. Er entschloss sich dieses Lied nicht zu singen. Am nächsten Mittwoch empfand Brent das gleiche sanfte Drängen, diesen Song wieder zu spielen. Die ganze Woche erlebte er ein sanftes, unterschwelliges Echo zu diesem Song. Es schien, als würden ihn die Menschen summen oder überall dort darüber reden, wo er war. Er sang dieses Lied immer noch nicht. Am dritten Mittwoch empfand er wieder diesen gleichen inneren Drang. Und nicht nur das, sogar seine Mutter erwähnte, dass sie das Lied „In The Garden“ gerne auf ihrer Beerdigung gesungen haben möchte. In der Kirche kam ein Blumenarrangement mit einem kleinen Gesangbuch aus Keramik an, geöffnet genau bei diesem Lied. Schließlich und mit ein wenig Murren, gab Brent klein bei. Der Sonntagmorgen kam und der Gottesdienstraum war nahezu voll besetzt. Als er die Gemeinde einlud, ihre zerschlissenen alten Gesangbücher bei dem Lied „In The Garden“ aufzuschlagen, ließ ein Mann in der vierten Reihe einen lauten Freudenruf hören und erschreckte damit alle anderen. Als sie anfingen zu singen, stand dieser Mann, der scheinbar betrunken war, auf und sang auswendig aus voller Kehle mit einer Stimme, die sich anhörte wie Jerry Lewis. Der Kerl sang jedes Wort in jedem Vers und zwischen den Worten schrie und johlte er voller Begeisterung. Am Ende des Liedes rief er laut, „Leute, ihr seid großartig! Ich liebe euch so sehr!“ und setzte sich wieder hin.

Brent sagte, mit Blick auf diesen Besucher, „Wir werden heute Morgen noch ein Lied singen, dass manche vielleicht noch aus der Sonntagsschule kennen. Lass uns singen, „Jesus Loves Me“. Der betrunkene Besucher ließ einen weiteren Juchzer von sich und schrie laut, „Dies ist für *mich*!“ Als die Gemeinde zu singen begann, sprang der Besucher aus der Kirchenbank und fing an zu tanzen während er sang und juchzte immer wieder zwischen den Worten. Am Ende des Liedes rief der Mann laut, „Ihr Typen seid großartig! Ich liebe euch so sehr! Danke schön! Vielen Dank!” und setzte sich wieder hin. Brent schloss mit einem Gebet ab und verließ verwirrt die Bühne, während der Besucher klatschte und noch weiter singen wollte. Brent kam die Stufen hinunter und seine Freundin Judy ging zu ihm und sagte, „ich glaube, ich muss dir erklären, was hier grade geschehen ist.“ Sie gingen in ein Hinterzimmer und sie erzählte Brent bei einer Tasse Kaffee die Geschichte. Der „Betrunkene“ hieß Randall. Als Teenager hatte er zwanzig Jahre lang sein Zuhause wegen Agoraphobie (der Angst vor öffentlichen Plätzen) nicht mehr verlassen. Er kam kaum noch zum Essen aus seinem Zimmer heraus. Im Laufe der Zeit veränderte sich seine Familiensituation derart, dass er nicht mehr länger zu Hause leben konnte. Er musste in ein Heim gebracht werden, wo er weitere vierzehn Jahre lang lebte. Frank, Judy's Sohn, wurde Randall's Therapeut. Als sie sich das erste Mal trafen erkannte Randall Frank kaum wieder. Er sprach fast kein Wort und schaute ihn auch nicht an. Frank bleib dennoch bei ihm und traf ihn jede Woche, redete mit ihm und versuchte sich mit ihm auseinanderzusetzen und ihn herauszulocken. Langsam schien es Wirkung zu zeigen. Eine Woche winkte ihm Randall ganz schüchtern zu. Die Woche drauf begrüßte er ihn mit einem „Hallo". Wieder einige Wochen später stellte sich Randall von selbst vor. Bald unterhielten sie sich wie Freunde. Einmal kam Frank in den Raum und Randall sagte, „Ich möchte ausgehen". Dies war nun ein wirklicher Fortschritt. Frank sagte, „Das ist großartig, Randall! Ich helfe dir. Ich werde mit dir gehen. Warum gehen wir nicht einfach gemeinsam in den Gottesdienst?"

Dieser Vorschlag erregte Randall. „Ich bin noch niemals in einen Gottesdienst gegangen! Ich weiß nicht einmal, was sie dort so tun." Frank versuchte ihn zu beruhigen. "Weißt du, das ist ganz einfach. Wir singen gemeinsam ein paar Lieder, der Pastor redet zu uns und dann gehen wir wieder nach Hause." „Ich kenne aber überhaupt keine Kirchenlieder!", sagte Randall. „Ich bringe dir ein paar davon bei, antwortete Frank."

Judy erzählte Brent, „und heute ist dieser Tag. Heute ist Randall das erste Mal seit 34 Jahren wieder in der Öffentlichkeit. Frank und Randall haben sich *zwei Jahre lang* auf diesen Tag vorbereitet. Und zwei Jahre lang hat Frank Randall zwei Lieder beigebracht: „In The Garden" und „Jesus Loves Me".

Wenn du jetzt glaubst, dies sei einfach nur ein verrückter Zufall, wie wenn du plötzlich deinen Grundschullehrer in Disney World triffst, dann solltest du dieses Buch sofort wieder zurückgeben und dein Geld zurück verlangen. Dann ist dieses Buch nicht für dich. Ich hoffe stattdessen, dass du wahrnimmst, wie sehr die Liebe Gottes in Randall's Leben und seinen Begrenzungen am Werk war. Sein künstlerisches Wirken ist Gott so wichtig, dass er diesen besonderen Tag präzise nur für Randall vorbereitet hatte. Er schätzte Randall's Begrenzungen nicht einfach nur ein, untersuchte seine Leinwand und ließ ihn wieder gehen, weil scheinbar nicht genügend Gestaltungsraum vorhanden war. So behandelt er niemanden. Gott gebrauchte auch Brent's Begrenzungen, seinen Widerwillen, diese Lieder mehrere Wochen lang nicht zu spielen. Er wusste einfach genau, wie er ihn dazu brachte, diese beiden Lieder an genau diesem besagten Sonntag zu singen und keine Woche früher oder später. Er gebrauchte Brent's Schwäche um für Randall ein großes Kunstwerk zu gestalten. Gott wird auch innerhalb deines Rahmens Wunder bewirken. Er liebt dich ebenso intensiv wie er Randall liebt. Was Gott für ihn getan hat wird er auch für dich tun. Wenn du dich ihm mit der demütigen Erkenntnis deiner Schwäche und Begrenzungen auslieferst, wird er auf der Leinwand deines Lebens mit seinen umwerfenden Ideen angeben.

7

Die Kunst des Opferns

Wer wenig erreichen möchte, muss wenig Opfer bringen; wer viel erreichen möchte, muss große Opfer bringen; wer großes erreichen möchte, muss großartige Opfer bringen.

James Allen, Autor und Dichter

Ein Lebensstil des Opferns ist die höchste Form der Kunst und voller wahrer Freude.

Gandhi

Künstler müssen ihrer Kunst geopfert werden

Ralph Waldo Emerson

Kunst erfordert Opfer, aber nicht die Art von Opfer, die wir vielleicht erwarten. Es geht nicht um finanzielle Opfer oder das Opfern von Zeit, Energie, emotionaler Investition oder von Wissen. Hier geht es um ein viel weiter gehendes Opfer. Ich habe zweimal den Tempel von Kali besucht, der Göttin des Todes, nah am Ufer des Ganges in Kalkutta in Indien. Die Luft dort ist schwer mit Auspuffgasen, Industriesmog und dem Geruchsgemisch belastet, das man in einer dreizehn Millionen-Metropole und mindestens ebenso vielen Kühen und Ziegen erwartet.

Während meines ersten Besuchs ging ich einmal in den Innenhof dieses Tempels und sah eine frisch geopferte Ziege dort auf der Seite liegen und beobachtete einen jungen Mann, der in ihrem vergossenen Blut stand, die blutüberströmten Hörner des Altars umklammerte und seinen Kopf zwischen die Hörner beugte. Der Ziege war erst vor wenigen Augenblicken die Kehle durchgeschnitten worden und sie blutete aus.

Ein alter Priester sang über ihm einen Reinigungsritus bevor er von ihm ein Opfer verlangte. 15 Meter weiter die schmutzige Straße entlang stand ein flaches, zweistöckiges Gebäude, in dem Mutter Teresa sechzig Jahre lang gelebt und gearbeitet hatte, einem Haus für Arme und Sterbende. In diesem Haus nehmen die Schwester der Gnade die Fetzen der Bettler entgegen und kleiden sie in saubere Kleider. Sie reinigen ihre offenen Wunden, legen sie auf gemütliche Betten, geben ihnen zu essen und kümmern sich um sie, bis sie sterben. Wenn diese Bettler einen Arzt brauchen, werden sie zum Krankenhaus der „Mission der Gnade“ gebracht, das von meinem Freund, dem alten Mark Buntain gegründet worden war. Er und seine Frau Huldah gaben ihr Leben für die Stadt Kali, wie es Mutter Teresa auch tat, in dem Wissen, dass die Menschen, denen sie dort dienten ihnen niemals würden etwas zurückgeben können.

Sowohl in dem Tempel von Kali wie in dem Haus von Mutter Teresa werden Opfer dargebracht. Das eine Opfer fordert eine Gegenleistung, das andere ist ein Geschenk. Das eine wird dargebracht, um die Göttin des Todes zu besänftigen und ist in sich selbst tot, während das andere ein lebendiges Opfer im Namen des lebendigen Gottes ist, der sich an den aufopferungsvollen Taten der Hingabe für die „Geringsten unter ihnen“ im Namen Jesu freut.

Opfer macht keinen Sinn. Es ist so nicht-mathematisch wie du es dir nur vorstellen kannst. Kunst beinhaltet diese Form des Opfers und wirft dadurch ein Licht auf unsere Beziehung zu Gott. Der entscheidende Unterschied ist die Art und Weise wie wir das Opfer wahrnehmen und darauf antworten.

Ich habe während meines Lebens viele Opfer gebracht. Nein, ich habe keine Ziege zum Schlachten in einen Tempel gebracht. Wie ich aber schon erwähnte, verbrachte ich viele Stunden vor dem Altar im Gebet und bekannte Gott meine Sünden, in der Hoffnung, er würde mir wieder und wieder vergeben. War ich damit so viel anders wie der Mann in dem Tempel von Kali? Mir scheint, dass ich immer dann ein neues Opfer bringen wollte wenn ich Gnade nötig hatte. Dies ist offensichtliche Mathematik. Ich verglich die Saldo mit der Guthabenspalte meines Lebens und versuchte diese jeden Tag so gut wie möglich auszugleichen. Ich war wie der Angestellte im Supermarkt, der am Ende des Tages die Kasse zählt. Oh ihr törichten Galater! Wer hat euch verzaubert? Ihr habt kunstvoll begonnen und wollt nun mit Mathematik enden?

Gott hat uns nicht berufen, ein Opfer zu bringen sondern ein Opfer zu sein. Der Hebräerbrief, eine konkrete Abhandlung über die Kunst des Opferns, sagt uns in Kapitel neun, dass das Opfern eines Tieres ein irdisches Bild für eine himmlische Wirklichkeit darstellt, das Opfer Jesus, dass dort schon ein für alle Mal vollbracht wurde. Der Hebräerbrief spricht darüber, dass, wenn wir immer wieder ein neues Opfer bräuchten, hätte Jesus seit Grundlegung der Welt oft leiden müssen (Kapitel 9;26). Aber er fährt fort und macht deutlich, dass Jesus einmal für alle gelitten hat und es für ihn keinen Grund mehr gibt, „oft zu leiden". Genauso wie Jesus sich selbst opferte, ruft er uns auf, uns zu opfern, nicht ein Opfer zu bringen, was wir immer und immer wieder tun müssten, sondern ein Opfer zu werden.

Der Verlauf eines Opfers

Jeder Künstler kann bezeugen, dass Kunst Opfer fordert. Kunst hervorzubringen ist nicht immer ein glücklich machender Prozess, sondern kann hart und unangenehm sein. Der Künstler investiert alles und noch mehr in sein Werk. Ich scherze oft während meiner Konzerte, ich würde für meinen Lebensunterhalt „spielen". Niemand sagt mir, „Bob, arbeite mir einen Song." Sie sagen, „Bob, spiel mir einen Song." Natürlich erwähne ich nicht die hunderte Stunden in meinem Studio zu Hause, die ich für das Schreiben, Aufnehmen, Ringen mit einer Melodie oder einem Text und dem Üben verwende. Dies ist die harte Arbeit, die mich „spielen" lässt und meine Kunstwerke ausmacht.

Was dich und mich als Gottes Kunstwerk groß macht, ist nicht nur das, was er in uns hineingelegt hat sondern auch das, was nicht länger ein Teil von uns sein soll. Er bearbeitet uns. Die Bibel nennt das Beschneiden. Um es in der Sprache der Filmemacher auszudrücken, manche unserer Ambitionen, Gewohnheiten und Meinungen landen am Ende am Boden des Schneideraums. Er lässt die Teile übrig, die besonders und einzigartig sind.

„My Time Out with Bob Kilpatrick" ist eine einminütige Radioandacht. Ich habe darin sechzig Sekunden Zeit zu kommunizieren und zu inspirieren. Wenn ich all das zu einem Thema sagen würde, was ich darüber denke, würde diese Sendung täglich bis zu zwei oder drei Stunden dauern!

Manche meiner bekannten Songs haben sich wesentlich verändert bevor sie ihre Endfassung erreichten. Ich schrieb einen Song „Here am I (Send Me to the Nations)." Der Text entstand während ich Mitte der achtziger Jahre auf einer Jugendkonferenz in Kanada auf die Bühne ging. Die Botschaft passte an diesem Abend für die Konferenzteilnehmer, also sang ich sie dort und dieses Lied wurde im Laufe der Jahre ein weltweit berühmter Aufruf zur Mission. Jahre später schickte mir der Tontechniker der damaligen Konferenz ein Weihnachtsgeschenk, die Originalaufnahme als Kassette der Geburtsstunde dieses Songs an jenem Abend. Ich hörte sie mir an und war betroffen, wie sehr der Song sich von der ersten Aufführung bis zu seiner letzten Version verändert hatte. Ich erinnerte mich nicht einmal mehr daran, ihn verändert zu haben, aber ich hatte die Wortwahl optimiert, das Timing und die Melodie. Er wurde zu einem besseren Song. In seiner ursprünglichen Version hätte dieser Song zwar seinen Zweck an diesem einen Abend erfüllt aber nicht darüber hinaus. Er wurde in seiner heutigen Fassung zu einem nützlichen Werkzeug in den Händen Gottes und zu einem der bekanntesten Songs, die ich jemals geschrieben habe. Ich erinnere mich noch an die Worte da Vinci's: „Du, oh Gott, verkaufst uns alle guten Dinge zum Preis harter Arbeit.“[20] Ein weiteres Lied von mir trägt den Titel „Nägel in der Hand eines Zimmermanns“. Dieses Lied habe ich dreimal umgeschrieben und es gibt drei unterschiedliche Versionen des gleichen Songs. Die ersten beiden sind OK, aber es fehlt ihnen an Geist und sie kommunizieren nicht das, was ich versuche auszudrücken. Sechs Jahre nachdem ich die Idee zu dem Lied empfangen hatte, hatte ich endlich eine Vorstellung davon, wie der Text von Version Nummer drei aussehen sollte:

---

20 Aus „Auszüge aus den Notizbüchern von Leonardo da Vinci“ von Irma A.Richter (London: Oxford University Press, 1952), 220-21

Es war nicht der Stift in den Händen des Dichters, der mein Herz zum singen brachte
Es war nicht der Pinsel in der Hand eines Malers der mich zum König zog
Und es war auch nicht ein Schwert in den Händen eines Soldaten, das meinen Geist befreite
Es war etwas Größeres als das, es waren die Nägel in den Händen eines Zimmermanns.
Es war nicht die Münze in der Hand eines Kaufmanns, die mich mit Gold erkaufte
Es war nicht das Zepter in den Höfen eines Königs, das mich so mutig hat werden lassen
Es war nicht das Netz in den Händen eines Fischers, das meine zappelnde Seele einfing
Es war etwas Größeres als das, es waren die Nägel in den Händen eines Zimmermanns.
(Brücke) Oh das Kreuz aus Holz und der Hammer den sie nutzten waren Werkzeuge der Zunft des Zimmermanns
Und als sie an diesem Tag die Nägel in seine Hände trieben bedeutete das, meine Schuld war bezahlt
Es waren nicht die Worte eines donnernden Propheten die mich wie Regen wuschen
Es waren nicht die Gaben der drei wandernden weisen Männer, die meinen Verlust in Gewinn umwandelten
Es waren nicht die Berührungen der Hände eines Arztes, die den Schmerz meines Geistes linderten
Und wenn du glaubst, wirst du so dankbar sein für die Nägel in den Händen, Nägel in den Händen eines Zimmermanns.

Diese Wortspiele gefielen mir: „Pinsel….Maler…ziehen,“ „Netz…Fischer…zappelnde Seele,“ „donnernder

Prophet...gewaschen...Regen“ Ich hatte noch viele weitere Ideen, die es nicht in den Song schafften und dem Wohl des Songs geopfert wurden.

Songschreibern sage ich immer, dass ich den Schweiß in ihren Liedern hören möchte. Wenn sie nicht immer und immer wieder daran arbeiten, bis jedes Wort und jede Note passt, bringen sie nicht das Opfer, dass für großartige Kunst notwendig ist.

Während einer Studioaufnahme werfe ich normalerweise viel mehr Instrumente und Stimmen auf die Spuren als ich dann letzten Endes wirklich einsetze. Ich nehme oft drei oder vier Versionen der führenden Stimme auf und gestalte daraus eine Gesamtaufnahme um so eine „Super Stimme“ herzustellen. Dann höre ich mir den Song an und versuche herauszufinden, welche Instrumente im Song richtig gut sitzen. Manchmal nehme ich einen Teil Monate nach der Originalaufnahme noch einmal auf. Ich gebrauche während einer Produktion sozusagen den sich selbst reduzierenden Ansatz. Selbst beim Schreiben dieses Buches wird mir bewusst, dass die Botschaft des Buches durch das Bearbeiten und Zusammenschneiden ganzer Abschnitte inhaltlich ausgerichtet und geschärft wird. Wenn wir alle meine ursprünglich niedergeschriebenen Gedanken behalten hätten, wäre das Buch doppelt so lang und du aller Wahrscheinlichkeit nach damit äußerst gelangweilt! Ich habe daraus eine Schlussfolgerung für mein Leben gezogen. Mein Leben wird immer voller Gelegenheiten, Interessen und persönlichen Möglichkeiten sein. Manchmal denke ich, ich bin durch jede offene Türe gegangen, die sich mir angeboten hatte. Und dann beginnt Gott damit, manche davon zu schließen. Eine Spur nach der anderen zieht Gott aus meinem Leben, all das was nicht richtig sitzt, manchmal sogar ganze Abschnitte. Sie mögen gut sein, unterstreichen aber nicht die Kunst, wie er sie sich vorstellt.

Künstler müssen mit ihrer Kunst rücksichtslos umgehen. Michelangelo sagte einmal in einem göttlich inspirierenden Augenblick, „Ich sah den Engel im Marmor und meißelte solange, bis ich ihn befreit hatte.“ So sieht Gott den Heiligen in dir und wird nicht eher ruhen, bis dieser von allem befreit ist, was ihn verschleiert.

Director's Cut

Die Auseinandersetzung beginnt, wenn wir mit dem, was Gott herausschneiden möchte, nicht mit ihm übereinstimmen. Wir entwickeln eine Zuneigung für etwas, von dem er weiß, dass es unsere Schönheit beeinträchtigt, verlassen uns auf unser eigenes Verständnis und sind überzeugt davon, dass unsere Sicht die beste und unsere Information die verlässlichste ist. Wie Jakob ringen wir mit dem Engel, statt ihm zu vertrauen.

Hast du jemals einen Kinofilm gesehen, der einfach viel zu lang war? Es war eine gute Story aber die Filmemacher haben versucht zu viel hineinzupacken und am Ende schleppte er sich nur noch so dahin? Sie versuchten, ein Epos zu erschaffen wo doch eine einfache Liebesgeschichte ausgereicht hätte. Manche Menschen leben so. Sie sind nicht bereit sich von Gott bearbeiten zu lassen. Manchmal schaue ich mir den Director's Cut an, wenn ich eine DVD ausleihe und komme dann selten zu der Überzeugung, dass die längere Fassung des Films die bessere ist. Wenn ich mir den Director's Cut anschaue macht mich das dankbar für den Aufnahmeleiter, der den Film für die Kinopremiere zurechtschneiden ließ. Natürlich sieht der Regisseur die Dinge anders. Er empfindet, dass das Zurechtschneiden die grundlegende Aussage seiner Idee verletzt. Vielleicht fühlst du dich bei den Beschneidungen in deinem Leben manchmal genauso. Wer war noch nicht an dem Punkt, an dem du aufgefordert warst etwas aufzugeben, was du in deinem Leben immer für selbstverständlich gehalten hast? Manchmal geht der Schnitt so tief und mitten durch unser Wesen. Wir können uns einfach nicht vorstellen, dass Gott dieses oder jenes wegnehmen wird, also leisten wir manchmal blinden Widerstand.

Ich entschied mich vor kurzem, dass es an der Zeit wäre, in meinem Studio nur noch meine eigenen Projekte aufzunehmen. Ich wollte lange Produzent sein, hatte mir ein sehr nettes Studio voller Technik und Instrumenten aufgebaut und mit einigen der besten christlichen Musiker gearbeitet. Ich spürte aber, dass mir das immer weniger Freude machte. Als ich mich jedoch dazu entschied, damit aufzuhören, war ich erstaunt wie schwer mir dies fiel. Es war schon so sehr zu meinem Lebensmittelpunkt geworden und dies aufzugeben schien mir, als würde ein grundlegender Stein aus dem Fundament meines Lebens herausgenommen werden.

Wir haben ein Vorbild in Sachen Opfer. Jesus gab das größte Opfer, das ein Mensch jemals geben kann. Er wollte das nicht tun. Er sagte dies dem Vater, gestattete es ihm dann aber dennoch seine Wünsche herauszunehmen und die Art von Kunstwerk zu erschaffen, die er wollte. Die Kreuzigung war Kunst in Vollendung – die Verheißung der Versöhnung und die Neuerschaffung der Schöpfung. Der Künstler wurde eins mit seinem Werk, erlöste es von innen heraus und opferte sich selbst, damit es Wirklichkeit werden konnte.

Was wie ein Opfer aussieht, wird paradoxerweise immer mehr geben, als für sich beanspruchen. Der impressionistische Maler Georges Seurat „opferte" seine Zeit und beobachtete stundenlang das Meer wie ein Wachtposten, was sich für ihn wie Zeitverschwendung angefühlt haben muss. Diese Erfahrung wurde für ihn später jedoch unbezahlbar, denn er konnte das Meer nun besser als jeder andere malen. Monet's vielversprechende Künstlerkarriere wurde durch seine Einberufung in den Algerienkrieg jäh unterbrochen. Was wie ein fürchterlicher Abbruch aussah, wandelte sich in eine entscheidende Erfahrung, die ihn zu einem revolutionären Maler verwandelte. Dort in Algerien begann er das Licht neu und anders wahrzunehmen. „Man kann sich kaum vorstellen wie sehr sich mein Wissen erweiterte und meine Vision dadurch stärker wurde," sagte er später. „Ich erkannte es zuerst nicht. Die Eindrücke von Licht und Farbe, die ich dort empfing, waren für mich bis zu einem späteren Zeitpunkt überhaupt nicht erfassbar, aber sie enthielten den Samen meiner zukünftigen Forschungen."[21] Er wurde auf den Weg des Opfers gezwungen und gewann dort seine tiefsten Einsichten. Du kannst nicht Gottes Kunstwerk sein, wenn du kein Opfer bringst. Im Himmel gibt es keinen Director's Cut. Wir sind auf geheimnisvolle Weise wie Mose bei seiner Begegnung am brennenden Dornbusch in 2.Mose 3. Wir

21 Aus „Notizen zu Kunstangelegenheiten" The New York Times, December 31,1900

brennen aber werden nicht verbrannt. Wir sterben und dennoch leben wir. Wir verlieren unser Leben nur um es anschließend wieder neu zu finden. Wir geben uns selbst weg und entdecken, dass Gott uns unser wahres Selbst, gereinigt wieder zurückgegeben hat. Auf diesem Weg des Opfers scheint es dir manchmal, als würde Gott dich hassen und dich bestrafen wollen. Du bekommst vielleicht sogar den Eindruck, er versuche dich zu zerstören. Aber dies ist eine Lüge. Er möchte dass du lebst! Der Künstler nimmt einfach etwas weg, das nicht in sein Meisterwerk hineingehört. Wieder einmal entdecken wir, dass wir bei dieser paradoxen Vorstellung eines „lebendigen Opfers" von Geheimnissen sprechen. J.B.Phillips umschreibt es wunderschön, was Paulus in Römer 12;1-2 aussagt, dass es wert ist vollständig zitiert zu werden:

> „Mit für die Erbarmungen Gottes weit geöffneten Augen flehe ich euch an meine Brüder, ihm eure Leiber als intelligenten Lobpreis zu geben, als ein lebendiges Opfer, ihm geweiht und annehmbar für ihn. Lasst die Welt um euch herum euch nicht in ihre Form hineinpressen, sondern lasst Gott euren Verstand von innen heraus neu formen, damit ihr in der Praxis erkennt, dass der Plan Gottes für euch gut ist, ihr all seinen Anforderungen genügt und euch auf das Ziel wahrer Reife zubewegt."

Das wahre Opfer

Lass mich an dieser Stelle klarstellen, was Opfer nicht bedeutet. Opfer bedeutet keine Zerstörung.

Ich saß einmal abends als junger Mann mit meiner Gitarre auf dem Schoß vor einem offenen Feuer. Gerade hatte ich meinen Musikdienst begonnen und Jesus mein Leben gegeben. Musik war jedoch für mich weit mehr als eine Möglichkeit geworden, das Evangelium weiterzugeben, sie war zu einer Sache von Stolz und Ehrgeiz geworden. Ich schaute in das Feuer und kämpfte in mir mit der Frage, was in meinem Leben die Oberhand haben würde, Gott oder die Musik. Nach mehr als einer Stunde tiefer Betrachtung dort auf dieser Couch nahm ich meine Gitarre, schlug sie mitten entzwei und warf sie ins Feuer. Musik würde mein Leben nicht beherrschen, sondern Gott. Ich beobachtete, wie die Gitarre zu Asche wurde. Dies war ein Opfer. Ich musste das in diesem Augenblick tun. Es war ein Ausdruck von Hingabe an Christus von einem jungen Mann und junge Männer, besonders geistliche junge Männer, neigen manchmal zu derart dramatischen Handlungen. Dies ist aber mit Opfer nicht gemeint. Ich kaufte mir tatsächlich sehr bald wieder eine neue Gitarre und setzte meinen Musikdienst weiter fort. Gott würde niemals die Zerstörung von etwas zulassen, was zu seiner künstlerischen Vision für mich gehört.

Opfer bedeutet keine Zerstörung. Ich habe Prediger gehört, die die Worte von Johannes dem Täufer missbrauchten, *„Er muss zunehmen, ich jedoch muss abnehmen“ (Johannes 3,30)*. Das hörte sich so an, als wollten sie damit beweisen, dass Gott meine Einzigartigkeit als Mensch aufheben wollte. Sie scheinen in vielen Predigten und Zeugnissen zu sagen, dass uns Gott zerstören wolle und zu Nobodies macht. Was wäre dies für ein Kunstwerk?

Während ich dies schreibe, sitze ich am offenen Feuer in meinem Büro und lege ab und zu Holz nach, klopfe mir die Hände ab und schreibe weiter. Ich bin ein wenig älter geworden und (hoffentlich) weniger dramatisch, aber ich würde sehr gerne jede meiner Gitarren zerbrechen und verbrennen, wenn ich empfinden würde, dass der Herr das möchte. Ich würde dies mit großer Freude tun, wenn es ihm große Freude machen würde. Dies ist aber nicht mit künstlerischem Opfer gemeint. Während ich so dem gemütlichen Geräusch von knackendem Holz zuhöre, während es vom Feuer verzehrt wird, denke ich an die vielen Gelegenheiten, in denen wir Gläubige Angst haben, dass uns das Feuer Gottes ebenfalls verzehren könnte. Wir meinen, wenn wir uns ihm ausliefern, werden wir am Ende als Haufen Asche enden.

Dies stimmt natürlich nicht. Die eigentliche Absicht von Kunst besteht darin zu erschaffen und nicht zu zerstören. Gottes Feuer reinigt uns und macht uns stärker. Cindy und ich haben eine gemeinsame Freundin, die wir schon seit Jahren kennen. Sie war eine sehr lange Zeit Töpferin und produzierte Haushaltswaren wie u.a. Becher und Lampen aus Ton. Die Stücke waren wunderschön, wahre Kunstwerke. Sie hatte ihren Arbeitsplatz im Keller mit einer Drehscheibe und einem Brennofen. Ich habe im Laufe der Jahre hunderte von Bechern Kaffee aus ihren selbstgemachten Tassen in mich hinein geschüttet. Diese Tassen gehören zu den am meisten geliebten und benutzten Tassen in meiner beschämend großen Kaffeetassensammlung. Die Lampen, die sie macht erleuchten immer noch verschiedene Räume in unserem Haus. Wenn sie sich aber jemals entschieden hätte, ihre Schöpfungen nicht in dem Brennofen zu brennen, sie stattdessen einfach auf einem Regal hätte trocknen lassen, hätten diese kaum länger als eine Woche gehalten. Der spröde Ton wäre bei der leichtesten Erschütterung zerbröselt. Unsere Freundin brannte ihre Stücke im Brennofen, denn sie wollte, dass sie wunderschön und stabil werden. Kurz gesagt, sie brannte ihre Schöpfungen, damit sie sicher sind.

Opfer bedeutet nicht Schuld

Was mich auf die Palme bringt sind Lieder oder Predigten, die mit Schuldgefühlen arbeiten. Einmal produzierte ich ein Album für einen Kollegen, der einen Song geschrieben hatte über das wunderbare Opfer, das Jesus für uns am Kreuz gebracht hat. In der Brücke des Songs wollte er ein weiteres Thema einführen, nämlich „wenn Gott dies für dich getan hat, warum tust du dann nicht noch mehr für ihn?" Hier wurde mit Schuldgefühlen gearbeitet. Ich versuchte das Thema zu umgehen oder ihm unterschwellig vorzuschlagen, er solle einen besseren Text schreiben, er kam aber immer wieder mit der gleichen Botschaft in unterschiedlicher Form. Schließlich sagte ich ihm, dass ich mit dieser Textpassage nicht übereinstimmen würde. Wenn Jesus, „obwohl er hätte Freude haben können, das Kreuz erduldete und die Schande gering achtete" (Hebräer 12,2), wie könnte ich dann etwas dazufügen? Gott gibt freigiebig ohne etwas zurück zu verlangen. Dies ist die gefährliche Botschaft vom Kreuz. Du kannst nichts tun, was daran etwas ändern würde. Gott gab aus Freude. Das ist alles. Mit der gleichen Freude geben wir ihm unser Leben. Verwandle die gute Nachricht nicht in eine fast gute Nachricht, in eine einigermaßen Gute Nachricht oder sogar in eine Schlechte Nachricht. Schuld ist nicht unsere Motivation.

Ein Opfer wird nicht blindlings gegeben

Wir campten einmal mit unserer Familie gemeinsam mit unseren Freunden Bryan und Nancy und deren Kinder im Yosemite Park als jemand angerannt kam und laut rief, dort in der Nähe auf einer Wiese gäbe es einen Mutterbär mit ihren Jungen. Wir rannten alle hin, um sie zu sehen und stoppten an einem Barriereseil, das über den Weg gespannt war. Der zweijährige Jeremy, Sohn von Bryan und Nancy, stoppte jedoch nicht an dem Seil sondern lief darunter hindurch direkt auf die Bären zu.

Wir alle schrien laut und manche sprangen über das Seil. Nancy holte uns jedoch in ihrer Mutter-Geschwindigkeit alle ein und ergriff Jeremy nur wenig entfernt von dem Mutterbären, der sich umgedreht und sich zwischen ihn und ihre Jungen gestellt hatte.

Später erinnerte sich Nancy daran, dass obwohl sie sich in diesem Augenblick ziemlich sicher war, dass sie sterben würde, nichts anderes hätte tun können. Sie hätte sich immer wieder gefragt, ob sie sogar ihr eigenes Leben bereit gewesen wäre für ihre Kinder zu geben und nun wusste sie, dass sie genau das tun würde. Nancy brachte an diesem Tag ein Opfer, genauso wie sie auch insgesamt ein opferbereites Leben führte. Und sie tat dies „mit weit geöffneten Augen“ bei vollem Bewusstsein was hätte geschehen können. Unser Opfer wird also erbracht „mit weit geöffnetem Blick auf die Gnade Gottes…als ein Akt bewusster Anbetung. (Römer 12;1 Phillips). Wir sind nicht dazu berufen, unsere Augen oder Verstand vor dem offensichtlichen zu verschließen. Ein Opfer kann hart sein; es kann sich schlecht anfühlen; es kann weh tun. Aber wir bringen es dennoch, mit fest ausgerichtetem Blick auf die Gnade Gottes.

Opfer erwartet keine Gegenleistung

Gott berechnet nicht den Wert dessen was wir anbieten und zahlt uns dann genauso viel wieder zurück. Er sagte über die Witwe, die zwei Cent gab, dass sie mehr gegeben hätte als der Reiche, der viel gegeben hat. Der Diener, der zehn Talente investierte und dazu verdiente wurde mit der Aufsicht über zehn Städte belohnt. Wenn wir sämtliche von uns erbrachten Opfer zusammenrechnen und die Mühen die wir durchgemacht haben, hoffen wir damit nicht, die Saldo -und Habenseite unseres Lebens auszugleichen und uns selbst vor dem Gott der Mathematik zu rechtfertigen? Gott lädt uns stattdessen dazu ein, aufzuhören weiterhin die Sünden zu zählen, die Opfer, die Enttäuschungen und Entbehrungen und uns stattdessen dem Einen auszuliefern, der uns mit unvergänglicher Liebe liebt.

Ein Opfer ist keine Beschwichtigung

Es ist nicht der Zorn Gottes, der uns zum opfern

motiviert, wie es in Kali geschieht, sondern die Güte Gottes. Im Blick der großartigen Gnade Gottes ruft uns Paulus auf, uns ihm vollständig auszuliefern (Römer 12;1). Das Opfer unseres Lebens erkauft sich keine Gunst, sondern gibt Gunst zurück, die wir schon empfangen haben.

Interessanterweise wird im Alten Testament davon berichtet, dass Gott tatsächlich auch bestimmte Opfer abgewiesen hat, wie im Fall von Kain's Kornopfer statt eines Tieropfers. Warum sind manche Opfer akzeptabel und manche nicht? Wir sollten es uns vielleicht vorstellen wie einen Künstler, der sich die besonderen Pinsel heraussucht, die er dazu braucht, um eine Linie zu zeichnen, oder ein Musiker, der sich das Instrument heraussucht, das seinen Song am besten ausdrückt, alles außer dem Richtigen ist falsch. Gott weiß, was er aus dir macht und kennt das richtige Opfer, das wonach er greift, ist das einzige, das akzeptabel und vollkommen ist.

Nicht jede Kunst ist ein Opfer

Ich muss das an dieser Stelle sagen, du bekommst sonst vielleicht den Eindruck, Kunst käme ausschließlich nur durch harte Arbeit und große Mühen zustande. Dies ist nicht immer der Fall. Manche Kunst ist einfach ein Geschenk und geschieht ohne jede Mühe. Der Song „Yesterday" kam Paul im Schlaf. Er wachte auf und begann ihn auf dem Klavier in seinem Zimmer zu spielen. (Er nannte ihn ursprünglich „Rührei" und der Text ging so weiter, „Baby wie sehr liebe ich deine langen Beine", aber sein Sinn für gute Texte setzte sich dann doch durch.) Händels Messias wurde in nur einundzwanzig Tagen geschrieben.

Mein bekanntester Song, „Lord, Be Glorified“ entstand an einem Abend. Die einfache Melodie kam mir während meiner Zeit mit Gott in den Sinn im Wohnzimmer meiner Schwiegermutter. Ich hatte Gott gebeten, mir zu helfen ein Lied zu schreiben, das Cindy und ich gemeinsam jeweils vor dem Dienst singen konnten. Ich hatte mich entschieden, dieses Lied niemandem zu zeigen. Ich wollte, dass er unser privates Gebet wird. Die Melodie und der Song entstand innerhalb weniger Minuten und es schien, als hätte ich ihn in seiner vollständigen Fassung empfangen. Es war ein himmlisches Geschenk und ich musste keinerlei Arbeit aufwenden, sondern ihn nur niederschreiben und in Empfang nehmen. Ich erzähle in meinen Konzerten häufig, dass ich damals zum Himmel schaute und sagte, „Herr, gefällt dir mein Song?“ Und er antwortete, „Falsche Frage, Bob, gefällt dir mein Song?“

Ich wünschte ich könnte jetzt sagen, dass die meisten Songs derart leicht entstanden. Aber sie kommen meistens durch Opfer und an manchen Songs habe ich monatelang, manchmal sogar jahrelang hart gearbeitet und versucht, die beste Idee herauszufinden und den Text entsprechend anzupassen.

Ich kann dir versichern, dass die Arbeit, die du in ein Lied investierst, nicht immer im gleichen Verhältnis zum „Erfolg“ steht, den dieses Lied dann hat. Manche Songs sind wie schwierige Kinder und ein Lehrstück in Frustration. Sie widerstehen jeglicher Formung und gehen aber auch nicht weg und lassen dich in Ruhe. Sie hängen an dir wie eine schmerzhafte Lektion, die gelernt werden möchte. Es beschämt mich zuzugeben, aber es gab Zeiten, in denen meine Frau und ich uns wünschten, ich könnte einen weiteren „Hit“ schreiben wie „Lord, Be Glorified.“ Dies hätte mit Sicherheit geholfen, das Schulgeld unserer Kinder zu bezahlen. Aber immer wenn ich es versuchte, war das Ergebnis derart steril und leblos, dass es mich leer und deprimiert zurück lies. Ich versuchte über die Mathematik zur Kunst zu gelangen.

Wir hätten ebenso gut versuchen können, mit einer Algebragleichung liebevolle Melodien hervorzubringen. Es entspannt mich sehr, dass einer meiner Lieblingskünstler, Van Morrison, einmal einen Song schrieb, in dem er beschrieb, wie er gerne einen anderen Song geschrieben hätte, um damit mehr Geld zu verdienen, um ein paar Rechnungen bezahlen zu können und damit ein wenig mehr inneren Frieden zu bekommen. Dann aber gibt es solche Zeiten, in denen Melodie und Text wie ein Päckchen vom Himmel kommen, schon zusammengefaltet, wunderschön und einfach.

Stell Gott dein Material zur Verfügung

Unser Leben, unser wahres Selbst, Gott zu übereignen, ist unser Ausdruck, ihm das Material für sein Kunstwerk vollständig zur Verfügung zu stellen. Wir werden niemals wirklich wir selbst sein, ohne uns Jesus vollständig auszuliefern. Nur der Same der stirbt, bringt Frucht und nur das Leben, das verloren geht, wird gefunden werden. Ich stand neulich in der weiträumigen Halle der Galleria dell'Accademia in Florenz, die zu der David Statue führt. In dieser Halle standen vier weitere Skulpturen von Michelangelo, jede ein unvollendeter Marmorblock oder Steinbrocken. In einer war das Gesicht einer Figur fast vollständig und ein rechter Arm war sichtbar mit einer Ader die darüber kroch, geschmeidig und naturgetreu. Als ich jedoch um den Steinblock herumging, wurden die Einzelheiten der Skulptur immer weniger eindeutig. Ich konnte erkennen, wo Michelangelo begonnen hatte, eine Schulter und den Beginn einer Mantelfalte zu formen. Die präzisen Meißelspuren des Bildhauers gingen bald in rauen Stein über . Die ganze Wirkung dieser vier Skulpturen war schauerlich und beunruhigend, als würde man halb geborene Menschen beobachten, die irgendwie in dem Felsen gefangen sind und versuchen, dort herauszukommen. Es vermittelte mir ein Gefühl von Bedauern und Verlust, welch großartige Reichtümer diese hätten werden können, wenn Michelangelo die Freiheit gefunden hätte, sie zu vollenden. Jeder Stein trug so viel an Verheißung und Möglichkeit, dennoch war ihre Unvollkommenheit eine Form von Ablehnung der gesamten Vorstellung von Kunst.

Wie viele von uns sind wie diese Skulpturen, voller großartiger Möglichkeiten, die niemals umgesetzt werden, weil wir Gott nicht die Freiheit einräumen uns zu formen, wie er das möchte? Es ist einfach, von der Herrlichkeit des Davids von Michelangelo beeindruckt zu sein, 5 Meter von jugendlicher Durchschlagskraft und Hoffnung, unsterblich gemacht in Stein. Michelangelo hatte jede Gelegenheit, ihn zu beenden und vollkommen zu machen. Er suchte die Heiligkeit in seiner Kunst und fand sie. Die Skulptur ist vollkommen und vollständig, eine reine Vision, verkörpert in Marmor. Dies möchte Gott für uns, seine Vision in uns vervollständigen. Ich lade dich ein aufzuhören, für all die zerbrochenen Dinge deines Lebens zu beten, die Reparatur benötigen. Gott ist nicht dein

Handwerker, er ist dein Schöpfer. Du solltest deine Reparatur-Gebete durch Übergabe-Gebete austauschen, denn an diesem Punkt beginnt die Kunst. Liefere dich dem Meisterkünstler aus. Sei das Opfer das er möchte und du wirst ein atemberaubender Anblick von Kunst und Gnade werden.

8

Kunst und Schmerz

Eine strenge Disziplin durchzieht die Natur, damit das, was grausam ist, etwas freundlicher wird.
Edmund Spencer

Gerechtigkeit wird vollkommen rehabilitiert sein, wenn der Vorhang auf der gegenwärtigen Bühne fällt, die Lichter angehen und wir in die wirkliche Welt hinausgehen.
J.B.Phillips

Es reisen viele verletzte Menschen in Flugzeugen und damit meine ich nicht verletzt durch Turbulenzen oder Flugangst. Ich habe immer wieder und normalerweise gegen meinen Willen Gespräche mit Mitreisenden an Bord. Einmal verwickelte mich ein jüdischer Geschäftsmann in ein Gespräch und erzählte mir, er glaube, Hitler sei Christ gewesen und deshalb wäre der Gott der Christen oder sein Volk, hinter dem Holocaust gestanden. Ich antwortete ihm, dass ich nicht glaube, einen einzigen Christen finden zu können, der dachte, Hitler sei einer von uns gewesen. Ich glaube aber nicht, dass ich seine Meinung durch unser Gespräch verändern konnte.

Ein anderes Mal flog ich in einem fast leeren Flugzeug von Los Angeles nach Hause. Aus irgendeinem verrückten Grund erhob sich eine Frau, die eigentlich schon Platz genommen hatte von ihrem Sitz und setzte sich in meine Reihe. Sie hätte den gesamten hinteren Bereich des Flugzeuges für sich alleine haben können. Ich dachte, dies sei entweder jetzt eine charakterbildende Belästigung oder eine von Gott initiierte Begegnung. Ich hatte Recht. Sie wollte über Gott reden. Sie war religiös aufgewachsen und hatte alles hinter sich gelassen, wurde jedoch beständig von Schuldgefühlen geplagt "Wenn es einen Gott gibt ist er ein…", sagte sie und gebrauchte einen Begriff, den ich hier nicht wiederholten möchte. Sie fragte dann die ganze Litanei der „Warum-gibt-es-Schmerz-in-der-Welt“ Fragen. Ich machte ihr den Vorschlag, wenn Gott denn wirklich so schlecht wäre, er doch sicherlich bessere Mittel zur Verfügung hätte, seine kleinen Geschöpfe zu quälen, als durch Hungersnöte, Epidemien und Naturkatastrophen. Dann erzählte ich ihr von meiner Vorstellung von Mathematik und Kunst. Ich fragte sie, ob sie sich selbst als Gottes Kunstprojekt betrachten könnte, ob sie sich vorstellen könnte, dass Gott sie statt zu reparieren für seine ewige Kunst-Show vorbereiten wollte. Sie wurde still. Schließlich sagte sie, „Ich weiß einfach nicht, ob ich mich so sehen kann.“ Ich sagte ihr, dass Gott sie genauso so betrachten würde, auch wenn sie das selbst noch nicht könnte. Sie hatte Tränen in den Augen, als wir das Flugzeug verließen und ich sah sie nie mehr wieder.

Mathematik möchte die Welt von Schmerz befreien. Mathematik ist zornig auf Gott, weil es überhaupt Schmerz gibt. Mathematik verlangt, dass alle Gleichungen aufgehen. Mathematik verlangt eine Erklärung, einen Schuldspruch, Gericht oder eine Lösung. Mathematik boykottiert Gott sogar solange, bis die Gleichung ihren Sinn ergibt. Kunst jedoch nähert sich dem Problem, wie es Mathematik niemals kann. Kunst erkennt, dass Schmerz im Wesentlichen ein Geheimnis ist und es keine irdische „Lösung“ dafür gibt. Kunst weiß, dass das Einfordern einer Lösung der falsche Weg ist, unseren Zustand zu betrachten. Wenn wir das versuchen, finden wir niemals eine Lösung, denn Schmerz ist keine Mathematik.

Wenn Schmerz jedoch Kunst ist, verstehen wir sofort, denn wir wissen, wie scheinbar grausam, schroff und gefühllos ein Künstler mit seiner eigenen Kunst umgehen kann, ganze Schichten von Farbe wegreißt, ganze Buchkapitel oder Filmrollen wegwirft, den gleichen Song immer wieder neu schreibt, auf der Suche nach künstlerischer Vollkommenheit. Manchmal wird sich ein Künstler auf diesem Weg sogar selbst Schmerzen zufügen. Wenn Gott unser Künstler ist und wir sein Kunstwerk, erwarten wir dann etwas geringeres als das?

Kunst und Zerstörung

Schmerz und Zerstörung sind Teil des künstlerischen Prozesses. Wir alle kennen die Beispiele von Künstlern, die manchmal tatsächlich ihrem Kunstwerk gegenüber gewalttätig werden. Michelangelo beispielsweise war niemals mit seinem Werk zufrieden. Er machte es klein, vernachlässigte es häufig und zerstörte einige Stücke sogar. Auch wenn er detailgetreue Skizzen von all seinen Skulpturen und Fresken anfertigte bevor er mit der eigentlichen Arbeit begann, zerstörte er all diese Skizzen vor seinem Tod, damit seine Werke, mit seinen Worten gesagt, „keinen anderen Anschein erwecken werden als den, der Vollkommenheit“.[22] Er beschädigte sogar die Skulptur heftig, die er für sein eigenes Grab angefertigt hatte, weil er mit ihrem Zustand unzufrieden war.[23] Die Abteilung „Jüngstes Gericht“ in der Sixtinischen Kapelle, ein sorgfältig ausgearbeitetes, vielschichtiges Fresko 13 auf 14 Meter groß, machte die Zerstörung von Fresken eines früheren Künst-

---

22 Aus „Die Welt des Michelangelo 1475-1564“ von Robert Coughlan (Alexandria, Va.: Time-Life Books, 1966), 92,96.

23 Aus „Micheangelo's Florence Pieta von Jack Wassermann (Princeton, N.J.: Princeton University Press, 2003).

lers notwendig, einem heute unbekannten Mann mit Namen Perugino. Michelangelo riss einige seiner eigenen Teile in der Sixtinischen Kapelle herunter, die sich Deluge nannten, weil sie nicht trockneten. Als die Fresken der Sixtinischen Kapelle vollendet waren und der Papst zu deren Vollendung gedrängt hatte, war er am Ende so sehr beeindruckt, dass er im Gebet auf seine Knie fiel. Michelangelo glaubte dennoch, in seinen eigenen Worten, dass Malen „immer noch nicht mein Beruf ist."[24]

Manche der berühmtesten Schriftsteller des zwanzigsten Jahrhunderts wollten ihre Werke zerstören und niemals veröffentlichen. Der österreichische Autor Franz Kafka veröffentlichte wenig und war bis zu seinem Tod in jungen Jahren, so gut wie nicht bekannt. Er hinterließ Notizen, adressiert an seinen Freund und literarischen Nachlassverwalter Max Brod. Dort ist zu lesen, „Liebster Max, meine letzte Bitte: Alles was ich hier zurücklasse in Tagebüchern, Manuskripten, Briefen (meine eigenen und die anderer), Skizzen und so weiter, soll ungelesen verbrannt werden."[25] Über seine schon veröffentlichten Bücher schrieb Kafka, „Ich beabsichtige nicht, dass sie wieder gedruckt und der Nachwelt zur Verfügung gestellt werden. Im Gegenteil, sollten diese alle miteinander verschwinden, würde mir das am besten gefallen... Alles andere von mir, all diese Dinge sollten ohne Ausnahme verbrannt werden und ich bitte dich, dies sobald wie möglich zu tun."

Wenn Brod dieser Anweisung gefolgt wäre, hätten wir

---

24 Aus „Die Welt des Michelangelo 1475-1564" von Robert Coughlan (Alexandria, Va.: Time-Life Books, 1966), 92,96.

25 Aus „Kafka's letzte Liebe" von Kathi Diamant (New York: Basic Books, 2003), 131-32

Kafka's berühmteste Werke wie „Die Verhandlung," heute nicht mehr, das entscheidend dazu beitrug, die literarische Ethik des Jahrhunderts zu prägen. Vladimir Nabokov verlangte ebenfalls, dass seine letzte Erzählung, geschrieben auf Notizzetteln und aufbewahrt in einem anonymen Schließfach in der Schweiz zerstört werden sollte, weil er es nicht geschafft habe, diese vor seiner Krankheit vollenden zu können.

Seine Frau brachte es nicht übers Herz, diesen Wunsch zu erfüllen, also übergab sie diese Verantwortung ihrem Sohn. Dieser las das Werk und beschrieb es als „Vaters brillianteste Erzählung, die dichteste Destillation seiner Kreativität." Nach jahrzehntelangem Ringen, was damit denn zu tun sei, entschloss er sich vor kurzem das Buch zu veröffentlichen.

Sogar von Vergil, dem großen römischen Dichter wird gesagt, er hätte seinem Nachlassverwalter aufgetragen, die „Aeneas" zu zerstören, weil Vergil damit nicht bis zum Ende gekommen war.

Diese Bitte wurde auf Befehl Cäsars ignoriert. Stelle dir einmal die westliche Literatur ohne dieses epische Gedicht vor.

Warum wollten diese Künstler, dass ihre Werke zerstört werden? Vielleicht dachten sie, Zerstörung sei immer irgendwann auch Teil des kreativen Prozesses und sie diesen Aspekt ihrer Werke ebenfalls kontrollieren wollten. Ich hoffe, dass die Geschichte mich nicht wegen meiner synthetischen Musik verurteilen wird, die ich in den achtziger Jahren gemacht habe!

Ich glaube manchmal, dass Gott diesen künstlerischen Impuls ebenfalls empfindet. Wenn ich die Bibel lese scheint mir Gott manchmal wie ein frustrierter Künstler zu sein, dessen Schöpfung ihn verlassen hat.

Er ist wie ein Maler, der eine Leinwand aus lauter Verzweiflung zerstört. Versetze dich mal in Gottes Stimmung kurz vor der Sintflut. Er war bereit, die gesamte menschliche Rasse auszulöschen, so geplagt war er. Die Rohmaterialien seiner Kunst waren so korrupt geworden, so bruchstückhaft und unheilig, dass sie beinahe vollkommen unbrauchbar geworden waren.

Noah und seine Familie aber waren als gute Kunstwerke erhalten geblieben. Es scheint, dass Gott noch einen letzten Blick auf seine Arbeit warf, bevor er die Lichter ausschalten wollte und in einer Ecke ein paar wenige nützliche Materialien erspähte. Gott verschonte sie und gebrauchte Noahs Familie, um die Leinwand neu zu erschaffen.

Oder denke an Lot's Erfahrung in Sodom und Gomorrah, der mitten in dieser durch Korruption verdorbenen Städte lebte. Gott bedauerte diese Korruption seiner dortigen Kunstwerke. Stell dir einen Augenblick vor, was hätte geschehen können. Diese zwei Städte hätten als Orte der Gerechtigkeit hervorstechen können. Stattdessen waren sie ein übler Geruch in Gottes Nase, wie ein bis zur Unkenntlichkeit verdorbenes Gourmetgericht. Bevor er jedoch Sodom zerstörte, suchte Gott nach gutem Material, nur einige wenige gerechte Menschen. Er konnte nicht genügend finden. Abraham versuchte sich ihm gegenüber durchzusetzen, aber Gott hatte sein künstlerisches Urteil gesprochen. Wie jeder andere gute Künstler verwertete Gott das, was noch Wert hatte, Lot's Familie und brannte den Rest nieder.

Wir sehen das auch in den Geschichten der Propheten und den historischen Berichten des Alten Testaments. Gott war manchmal begeistert über seine künstlerische Vision, die er für Israel hatte und dann wieder verärgert und verzweifelt über den entsprechenden Zustand seines Kunstwerks.

Gott erinnert mich manchmal in seinen Launen an einen Künstler, mitten in den schmerzhaften Augenblicken des kreativen Prozesses. Für mich ist es ein Geheimnis, aber Gott scheint zu der schmerzhaften Entscheidung zu kommen, sein Werk noch einmal neu anzuschauen: *„Siehe, ich werde ein Neues schaffen,“* sagte er (Jesaja 43;19). OK, aber warum nicht das Alte weiter tun? Es muss im Verlauf des künstlerischen Prozesses etwas geschehen sein, das ihn dazu veranlasste, neu anfangen zu wollen.

Sage ich damit, dass Gott uns persönlich zerstören oder ausrangieren möchte? Nein. Wie mit Noah und Lot und dem Volk Israel möchte Gott sein Kunstwerk sehr sorgfältig bewahren. Seine Gnade reicht sogar für Menschen, die niemals in Betracht gezogen hatten, sich ihm auszuliefern. Aber der Schmerz und die Zerrüttung durch die wir gehen, wenn Situationen unseres Lebens oder der Menschheit insgesamt aufgearbeitet werden, kann so intensiv sein, dass es sich für uns wie Zerstörung anfühlt. Hier gibt es einen logischen Zusammenhang mit der Aussage von Paulus in 1.Korinther, dass wir gerettet werden, *„wie durch das Feuer“ (3;15,)* Paulus sagt in Vers 13 tatsächlich, dass das Feuer verdeutlichen wird, welche unserer Werke wirklich zählen. Gott wird alles offenbaren und wegnehmen, was von der Vollkommenheit seines Kunstwerkes ablenkt. Dies ist ein Opfer, manchmal jedoch begleitet von großem Schmerz. In „Gaudy Night“, einer geheimnisvollen Erzählung von Dorothy Sayers, erzählt der Hauptdarsteller, Lord Peter Wimsey, dem Romanautor Harriet Vane, dass, wenn sie sich jemals ehrlich mit dem Charakter in ihrem gerade entstehenden Buch auseinandergesetzt habe, es dieses zum Lesen außerordentlich interessant machen würde. Harriet antwortet, dies würde viel zu weh tun. Darauf entgegnet Wimsey „Was spielt das für eine Rolle, wenn es dadurch ein gutes Buch wird?“ Die Haltung Wimseys scheint so unbedacht zu sein, so unüberlegt grausam. Sayers gibt uns in dieser Passage jedoch einen Einblick in ihre Theologie: Gott ist ein Künstler, dem es mehr um das abschließende Ergebnis seines Kunstwerkes geht, als um den Schmerz, der in der Erschaffung dessen vielleicht durchlebt werden muss. Sie hat dies von Paulus übernommen, der in Römer 8;18 sagt, dass *„die Leiden dieser gegenwärtigen Zeit nichts bedeuten im Blick auf die Herrlichkeit, die in uns offenbart werden wird.“* Hebräer 12;6 sagt, dass Gott all diejenigen züchtigt, die er liebt und er dies zu ihrem Besten tut, damit sie „Teilhaber seiner Heiligkeit sein können“ (Vers 10). Wieder stoßen wir kopfüber auf Heiligkeit, die Gottes künstlerische Vision für jeden Einzelnen von uns ist. Vielleicht sollte die Frage „Was bedeutet es?“ oder „Warum gibt es dieses Leiden?“ durch eine bessere ersetzt werden: „Jesus, was kannst du aus diesem Schmerz in meinem Leben machen?“

Ein schlechtes Leben

Die Menschen erzählen meiner Schwägerin, sie hätte ein schlechtes Leben gehabt. Wenn du ihre Geschichte hörst, wirst du versucht sein, ihnen zuzustimmen. Sie und ihre Zwillingsschwester waren die Töchter einer wunderschönen Frau aus besseren Kreisen mit Namen Jo, die mit einem Piloten verheiratet war. Jo hatte aber eine Affäre mit einem bekannten Radiomoderator, Don. Eines Abends kam Don nach seiner Radioshow nach Hause und fand Jo völlig alkoholisiert vor und die Mädchen weinend und mit blauen Flecken. Er packte die Mädchen und nahm sie mit auf eine Reise, die in Puerto Rico endete. Jo reiste hinterher. Sie und Don versöhnten sich und entschlossen, eine Bank auszurauben, um an etwas Bargeld zu kommen. Don's Geschäftspartner war zwischenzeitlich der neue Liebhaber von Jo. Sie und der Geschäftspartner verrieten Don heimlich bei der Polizei. Als Don mit einer Tasche voller Bargeld aus der Bank rannte, waren Jo und das Fluchtauto verschwunden. Don verbrachte fünf Jahre in einem Gefängnis in Puerto Rico. Wenn du jetzt die Auflistung der Filmpreise für diesen Film erwartest, sei versichert, es ist wirklich so geschehen. Jo floh mit den Mädchen nach Vancouver in Kanada. Die kanadischen Behörden wollten sie nicht aufnehmen und setzten sie in einen Zug mit dem Ziel ihrer Wahl. Jo entschied sich für Redding, Kalifornien, weil dies in der Nähe von Don's Verwandten war. Die Alkoholsucht ging bei Jo weiter und sie verarmte dadurch. Die Mädchen arbeiteten in der Schulküche, um einfach nur etwas zu essen zu bekommen.

Die Leute auf dem Markt schauten absichtlich weg, wenn sie etwas zum Essen stahlen. Shelly wurde besonders hart geschlagen, weil Jo ihr immer wieder sagte, „Du siehst aus wie dein Vater." Shelly konnte nicht nachvollziehen, wie ein Zwilling mehr wie der Vater aussehen könne, als der andere. Wenn sie abends in ihrem Bett lag, schaute Shelly auf einen Papierschnitt der Jesus darstellte, der ihr während einer Ferienbibelschule als Geschenk gegeben worden war und den sie sich an die Unterseite des Bettes über ihr geklebt hatte. Sie redete mit ihm, wie wenn es Jesus wäre, der da bei ihr war. Dies gab ihr viel Trost.

Jo rief an einem Wochenende dann ihre Töchter vom Spielen hinein und erzählte ihnen, „Mädchen, sagt eurer Mutter auf Wiedersehen. Ich habe gerade genügend Pillen geschluckt um mich selbst umzubringen." Kurz darauf lag sie auf der Couch und schlief für immer ein. Die Mädchen weinten, aber Shelly dachte auch, „Endlich bin ich frei." Sie wurden von einer christlichen Familie aufgenommen. Das Leben wurde mit einem Mal wesentlich besser. Shelly heiratete Jeff, meinen Schwager kurz nach ihrem Schulabschluss. Sie arbeiteten hart und führten ein einfaches Leben, während er studierte und einen Doktor in Psychologie erwarb. Sie und ihre drei Kinder bauten ein Haus und erfreuten sich an ihrem Leben. Sie waren hingegebene Christen und treue Mitglieder ihrer Ortsgemeinde.

Eines Tages klagte Matt, ihr neunzehn Jahre alter Sohn, über Schmerzen im Mund, die nicht verschwanden. Der Arzt schaute ihn sich an und wies ihn sofort in ein Krankenhaus ein. Es wurde Leukämie diagnostiziert und es wurde schlimmer. Sie brachten ihn mit dem Hubschrauber in das Krankenhaus der Stanford Universität. Die Chemotherapie machte diesen sportlichen, hübschen jungen Mann kahlköpfig, aufgeschwemmt und schwach. Jeff und Shelly ließen alles stehen und liegen, um bei ihm zu sein. Zehn Monate an seinem Bett in Palo Alto zu sitzen, erschöpfte ihre sämtlichen finanziellen Mittel. Matt starb zwei Tage vor Ostersonntag im Alter von zwanzig Jahren. Er verlor nie seinen Glauben, geheilt werden zu können. Jeff hatte in der Zwischenzeit seine Rückenschmerzen nicht ernst genommen, die zunehmend schlimmer wurden. Er meinte, sie wären das Ergebnis des langen Sitzens an Matt's Bett. Außerdem wollte er sich nicht beklagen. Im Vergleich zu dem, was Matt durchgemacht hatte, schien das alles nicht so schlimm zu sein. Als er jedoch Schwierigkeiten bekam, Wasser zu schlucken, dachte er, es wäre Zeit zum Arzt zu gehen. Am Valentinstag, dem zweiunddreißigsten Hochzeitstag von Jeff und Shelly und nur einige Monate nach Matt's Tod eröffnete ihm der Arzt, dass er Speiseröhrenkrebs habe. Jeff fragte nach seiner Überlebenschance und der Arzt antwortete ihm, „Sie haben keine“. Viele Menschen beteten für seine Heilung. Der Krebs wanderte jedoch in seinen Rücken und in sein Gehirn. Als Neuropsychologe wusste er was geschehen würde und er hatte keine Kraft, es aufzuhalten. Er starb ein paar Monate bevor ich das hier schrieb. Innerhalb von siebzehn Monaten begrub Shelly ihren jüngeren Sohn und ihren Ehemann. Das Haus war einmal voller Liebe und Lachen, jetzt lebt sie alleine. Sie musste sogar den Familienhund weggeben, weil dieser nach Matt's Tod anfing, andere Kinder zu beißen. Sie kam uns vergangenes Wochenende besuchen und ich bat sie, mir ihre Geschichte noch einmal zu erzählen. Es gab noch so viel mehr als das, was ich wusste. Aber Shelly's Antwort auf Schmerz ist die gesündeste, die ich jemals gehört habe. Sie sagte mir, „Jedes Mal wenn mir etwas schlechtes geschieht, denke ich, Was kann ich daraus machen?“

Was kann ich daraus machen? Das hört sich anders an als, „Warum, Gott?“

Sie erzählte mir auch, dass sie, wenn Menschen ihr sagten, sie hätte doch wohl ein wirklich schlechtes Leben gehabt, diese sehr schnell korrigiert. Sie sagt, „Ich hatte ein Leben! Ob es schlecht oder gut war wird nicht dadurch entschieden, was dir geschehen ist, sondern was du daraus gemacht hast.“

Es mag dich jetzt nicht überraschen, dass Shelly eine Künstlerin ist. Eine brillante Künstlerin. Eine der begabtesten Malerinnen und Zeichnerinnen die ich kenne. Große Leinwände ihrer Arbeiten, abstrakt und realistisch gemalt, schmücken ihr Zuhause und viele andere. Wo immer sie lebt, wird ihre Umgebung mit Farbe und Design lebendig.

Shelly lebt im Bereich der Kunst und ich meine damit nicht nur Farbpinsel und Stifte. Sie hat das Geheimnis unserer Beziehung mit Christus verinnerlicht, das uns manchmal Dinge erleben lässt, die mit Mathematik nicht erfasst werden können. Sie weiß, dass Gottes Werk zum Guten dient und in ihrem Leben Schönheit erschafft. Sie gestattet es ihm, jede Erfahrung, sei sie gut oder schlecht, groß oder klein, in das Meisterstück mit einzubauen, das sie dabei ist, zu werden. Ich kann dir nicht sagen, wie sehr ich sie bewundere. In den Augen mancher Menschen hat Shelly allen Grund, Gott zu hassen. Sie sagen, dass Gott ihre Mutter weg genommen hätte, ihren Vater, ihren Sohn und ihren Ehemann. Wie die Frau im Flugzeug fragen sie, was für ein Gott würde so etwas tun? Sie wenden sich ab von ihm und wenden sich der frustrierenden Gleichung zu, die niemals angemessen gelöst werden kann. Sie scheinen nicht zu erkennen, dass Schmerz und Trauer in Gottes Händen zu Kunst werden können. Wie es J.B.Phillips schreibt, „Sie wollen eine Welt in der das Gute belohnt und das Böse bestraft wird, wie in einem gut laufenden Kindergarten." Mathematik fordert eine Antwort. Kunst gestattet es Gott, jeden Umstand als künstlerisches Material zu verwenden. Mathematik möchte, dass alles einen Sinn hat. Kunst möchte, dass es gut wird, Mathematik bebt vor Wut und Bitterkeit. Kunst lädt die Kreativität Gottes in jede noch so schlimme Situation ein.

Was wirst du tun?

9

Werde ein grossartiges Kunstwerk

Soweit es mich betrifft, spricht ein Gemälde
für sich selbst. Was machen Erklärungen
für einen Sinn, wenn alles gesagt und getan
ist? Ein Maler besitzt nur eine Sprache.
Pablo Picasso

Ein Künstler kann nicht mehr über sein Werk
sagen, als eine Pflanze über Gartenbau.
Jean Cocteau

Ich habe entdeckt, dass ich Dinge mit Farbe und
Formen sagen kann, die ich sonst nicht ausdrücken
könnte – Dinge, wofür ich keine Worte habe.
Georgia O'Keeffe

Eine Gruppe hoffnungsvoller Songwriter waren in einem Raum versammelt mit CDs und Textblättern ihrer Songs in den Händen und ich hoffte, sie unterstützen zu können. Ich hatte selbst viele mittelmäßige Lieder geschrieben und dachte, vielleicht könnten sie von mir lernen, indem sie nicht die Fehler machten, die ich gemacht hatte. Ich wartete auf die ehrlichen Schreie ihrer Herzen, die ungeschützten Ausdrücke, wer sie wirklich waren. Stattdessen schienen alle diese Songwriter die Geschichten anderer zu erzählen und nicht ihre eigenen. Die Texte waren nicht erfinderisch und blieben in der bequemen „Tag - Mag, Siegen - Fliegen-Zone" und die Melodien waren meist die Idee eines anderen, getarnt als ihre eigenen.

Unser Leben klingt manchmal wie eine kopierte Melodie. Wir sehen was bei anderen funktioniert und ahmen dies nach, ohne auch nur einmal wirklich selbst nachzudenken. Wir folgen Regeln, zahlen unseren Zehnten, sprechen unsere Gebete und gehen in die Kirche. „Nicht trinken oder kauen oder nicht mit Mädchen gehen, die das tun", wie es die alten Pfingstler zu sagen pflegen. Aber es fehlt etwas. Wir haben alle Holzscheite, jedoch kein Feuer und dann treffen wir auf diese Menschen, die in jedem Augenblick mit der fröhlichen

Kunst des Vaters zu brennen scheinen. Ihr gesamtes Wesen erscheint anders. Sie leben nicht die Gewohnheiten eines anderen. Sie leben stattdessen jeden Augenblick als wäre er neu. Sie singen ihre eigene Melodie, rein und von ganzem Herzen.

Gott versucht niemals nur ziemlich gute Kunst zu machen. Gott möchte die Welt verändern. Er geht immer über die Grenzen. Ziemlich gut ist Mathematik, *„Gott sah was er erschaffen hatte und es war sehr gut"*, das ist Kunst.

Gott sehnt sich danach, unser Leben mit Bedeutung und Ziel zu malen, uns zu großartigen und nachhaltigen Kunstwerken zu machen, die seine herrliche Liebe bezeugen. Er ist niemals eine sekundäre oder geliehene Melodie. Lassen wir Gott sein Lied für uns singen? Lassen wir Ihn die Welt erschaffen, färben und verändern, durch das Material aus dem wir geschaffen sind?

Sei bereit zur Veränderung

Nur weil wir Gottes Kunstwerk sind, heißt das nicht, dass wir schon jetzt vollkommen sind. Denke daran, wir leben gerade im Studio des Künstlers. Dinge sind der Veränderung unterworfen. Amateurhafte Songwriter widerstehen häufig einem Rat, weil sie sagen, „Gott hat mir diesen Song gegeben und deshalb darf er nicht verändert werden." Oh, wirklich? Ich bin dann versucht, ihnen zu sagen: „Großartig. Wenn Gott dir den Song gegeben hat dann nimm kein persönliches Copyright und verdiene auch kein Geld damit. Er gehört dir nicht." Immer wenn ich das gesagt habe, erntete ich ziemlich düstere Blicke. Ich glaube, dass Gott normalerweise Menschen kreative

Gaben gibt und keine Lieder. Und das Verändern und Arbeiten an einem Song oder jedem anderen Kunstwerk, gehört in den Prozess mit hinein. Als Kunstwerke in Gottes Händen sollten wir offen sein für Veränderungen, die uns vielleicht überraschen. Wenn du dir die Gemälde in der Sixtinischen Kapelle sorgfältig anschaust, entdeckst du, dass der Stil Michelangelos sich im Laufe der Zeit in der er an diesen arbeitete, veränderte. Seine frühen Darstellungen von Menschen sind klein und eng gemalt. Die späteren Gemälde zeigen Menschen, die so voll geformt und gerundet sind, dass es fast planetarisch wirkt.[26] Michelangelo war bereit zur Veränderung und er wurde besser. Wir sollten ebenfalls dazu bereit sein.

Akzeptiere die Güte des Lebens – und die Sinnlosigkeit

Manche Christen versuchen immer wieder allem einen Sinn abzuringen. Sie möchten jedes Ereignis im Leben sofort in ewige Perspektive setzen. Sie sagen, „Oh, ich erkenne, was Gott tut." Und dann erklären sie die Perspektive Gottes in dem, was gerade geschehen ist.

Bewusst oder unbewusst, diese Menschen hassen Geheimnisse. Sie hassen das Unbekannte. Dennoch, wie wir schon besprochen haben, das Geheimnis ist ein entscheidender Bestandteil unserer Beziehung mit Gott. Wir können darüber sprechen, aber am Ende „tanzen wir immer wieder mit der Architektur." Christen, die in jedem

26 Aus „Die Welt des Michelangelo 1475-1564" von Robert Coughlan (Alexandria, Va.: Time-Life Books, 1966), 125,128.

Lebensereignis eine Bedeutung fordern sind Mathematik orientiert. Ich kannte einen christlichen Sänger, der sämtliche christliche Instrumentalmusik ablehnte, weil er darin keine Bedeutung oder Nutzen erkennen konnte. „Was bringt das?", sagte er. "Das ist reine Zeitverschwendung, die man besser zum predigen verwenden könnte." Er betrachtete Musik als logisches Werkzeug mit keinerlei künstlerischem Wert, geschweige denn als Geheimnis. Das Leben macht manchmal keinen Sinn. Es ist oft absurd. Das liegt im Wesen der Kunst. Es ist das Wesen des Künstlers. Ich gebrauche hier das Wort absurd mit Absicht und ich meine damit nicht das gleiche wie geheimnisvoll. Wenn du keinen absurden Humor verstehst, könntest du an diesem Aspekt von Gottes Künstlerdasein vorbeigehen. Meine Familie war immer zu absurden Späßen aufgelegt. Vielleicht, weil viele aus unserer Familie Pastoren waren. Der Lieblingsscherz meines Vaters war: Was ist der Unterschied zwischen einer Ente? Antwort: Ein Bein ist kürzer als das andere. Tiefsinnig, oder? Als ich fünf oder sechs Jahre alt war, schrieb ich einmal etwas, was nur als absurdes Gedicht beschrieben werden konnte:

> Ich kletterte auf einen Baum,
> aber der Baum war nicht da,
> Also fiel ich hinunter.

Absurdität ist nicht stimmig, sinnlos, unlogisch. Sie weist uns jedoch auf die Kunst hin und weg von Mathematik. Beispielsweise sind Giraffen, aus dem mathematischen Blickwinkel betrachtet, absurd. Nacktschnecken und entenschnäbelige Schnabeltiere sind absurd. Sie sind in keinem Fall die Lösung für irgendein Problem. Sie können nur als Kunstwerke einen Sinn ergeben.

Eine der am verwirrendsten Fragen die du einem Künstler stellen kannst, lautet, „Was bedeutet das?“ Die beste Antwort darauf ist einfach Stille. Kunst kann nicht erklärt werden. Sie ist, was sie ist.

Ich erinnere mich an niemanden, der bei einer Giraffe gefragt hatte, „Ja, aber was bedeutet sie?“ Sie bedeutet Giraffe. Bitte Gott die Koalabären zu erklären und seine Antwort wird wahrscheinlich lauten...Koalabären. Welche Maßeinheit haben Koalabären? Sie sind einfach. Es gibt keine Lösung oder Gleichung oder Formel, die uns hilft, ihre „Bedeutung“ besser zu erfassen.

Eines der einflussreichsten Kunstwerke des frühen zwanzigsten Jahrhunderts ist Pablo Picasso's „Guernica.“ Es stellt die Zerstörung der gleichnamigen Stadt im Jahr 1937, während des spanischen Bürgerkriegs, dar. Das Bild wurde allgemein als Anti-Kriegs Aussage betrachtet und zu verschiedenen Anlässen ausgiebig zu Propagandazwecken eingesetzt, einschließlich des Vietnamkrieges. Als Picasso jedoch nach der Bedeutung der starken Symbole auf dem Gemälde gefragt wurde, sagte er:

> „Dieser Bulle ist ein Bulle und dieses Pferd ist ein Pferd...Wenn sie versuchen, bestimmten Dingen in meinen Gemälden eine Bedeutung zu geben, könnte diese vielleicht sogar sehr richtig sein, es war aber nicht meine Absicht. Ich kam auf dieselben Ideen und Schlussfolgerungen, zum Sinn und Zweck des Bildes, aber nur instinktiv und unbewusst. Ich mache das Gemälde für das

Gemälde. Ich male die Gegenstände für das, was sie sind."[27]

Mit dem Leben ist es meist genauso. Versuchen, Verlust zu erklären oder Trauer, Schönheit oder Freude, bedeutet, diese auf eine Berechnung, einen gemessenen Wert und Logik zu reduzieren. Es gibt keine Erklärung. Es liegt ein grundlegendes Geheimnis darin, das sich jeder Diskussion entzieht. Dennoch sind manche Menschen beim Anblick des Universums frustriert, weil es keinen Sinn ergibt. Für viele Christen ist es inakzeptabel, dass Gott Güte vor Vernunft stellt oder uns mit einer unbeantworteten Frage zurücklässt. Vielleicht wurdest du gelehrt, dass du alles verstehen kannst was Gott getan hat, tut und tun wird, wenn du nur ausreichend betest und die Bibel studierst. Solche Menschen sind wie die, die einen Künstler ständig bedrängen und fragen, „Ja, aber was bedeutet das?"

Aber jeder, der schon einmal auf einem Feld auf dem Rücken lag und den Funkenflug der Sterne bei Nacht beobachtet hat, tut dies nicht, weil er es erklären könnte, er erfreut sich einfach an dem Guten, das er sieht.

Die Schöpfung ist ein System, das dem Neugierigen seine Herrlichkeit offenbart, ihre Komplexität muss jedoch nicht vollständig verstanden werden, um sie in vollem Maß zu genießen. Ein Schmetterling ist einfach wunderschön, ob er nun Sinn macht oder nicht.

Für Gott macht mit Sicherheit alles einen Sinn. Er hat die künstlerische Vision dafür. Wenn Gott keine Erklärung für sein Kunstwerk abgeben möchte, wer sind wir, dies von ihm einzufordern?

---

27 Aus „Guernica: Testimony of War," Treasures of the World series. PBS.org. www.pbs.org/treasuresoftheworld/guernica/gmain.html. (Accessed July 29,2010.)

„Oh Herr, wie großartig sind deine Werke! Deine Gedanken sind sehr tief," schrieb der Psalmist (Psalm 92;5).

„ Denn meine Gedanken sind nicht eure Gedanken, und eure Wege sind nicht meine Wege, spricht der HERR, sondern so viel der Himmel höher ist als die Erde, so sind auch meine Wege höher als eure Wege und meine Gedanken als eure Gedanken. "(Jesaja 55;8-9).

„Groß ist das Geheimnis der Göttlichkeit," schrieb Paulus an Timotheus (1.Timotheus 3;16). Paulus bestätigt an anderer Stelle Gottes göttliches künstlerisches Vorrecht wenn er nicht sagt, dass „alle Dinge zusammen einen Sinn ergeben," sondern *„dass alle Dinge uns zum **Besten dienen**" (Römer 8;28)*, Betonung durch den Autor.

Cindy und ich waren einmal gemeinsam im Auto unterwegs, als einer unserer Lieblingssongs von Van Morrison im Radio lief. Er nahm uns beide gefangen und versetzte uns in sprachlose Verzückung. Nach Ende des Liedes herrschte Stille und ein fast heiliges Schweigen im Wagen. Keiner versuchte zu erklären, was gerade geschehen war, wir lächelten nur und fuhren weiter.

Wenn also manche Menschen immer zu wissen scheinen, was Gott grade in ihrem Leben tut, kann ich fast schon das verzweifelte Kratzen der Kreide an der Tafel hören, in ihrem Versuch dies zu addieren, jenes zu subtrahieren und durch anderes zu dividieren – und aha! „Jetzt ergibt all das einen Sinn. Ich erkenne jetzt ganz genau wohin Gott mit all dem hin möchte!" Richtig!

Hier fällt mir eine Geschichte aus Matthäus 26 ein, in der eine Frau ein Alabastergefäß voll teurem Parfüm zerbricht, damit die Füße Jesu wäscht und versucht, sie mit ihren Haaren zu trocknen. Die Jünger waren empört.

„Warum diese Verschwendung?" fragten sie. „Dieses Parfum hätte man zum Höchstpreis verkaufen und das Geld den Armen geben können" (Vers 8-9 NIV). Jesus antwortete einfach, *„Sie hat etwas wunderschönes an mir getan" (Vers 10).* Er stieg nicht einmal in diese Gleichung ein, sondern umging sie und zeigte stattdessen auf die Schönheit dieser Tat.

Mathematik wurde hier in all ihrer praktischen, nachvollziehbaren Weisheit zugunsten einer verschwenderischen, extravaganten Kunst-Darstellung zur Seite gefegt. Hört sich das nicht so an wie Gott am Ende eines jeden Schöpfungstages sagt? „Es ist gut". Nicht, „Es macht Sinn." Ein großer Unterschied! Wäre das Leben einfach nur eine Gleichung, wäre das Ausgießen des Parfums dieser Frau auf die Füße Jesu ein sinnloser Akt. Das Leben ist aber mehr als nur Sinn. Es ist manchmal sinnlos. Die Jünger fragen Jesus in Johannes Kapitel 9, als sie an einem blinden Mann vorbei kommen, ob die Sünden des Mannes selbst oder die seiner Eltern für seine Blindheit verantwortlich sind. Jesus antwortete, weder noch, sondern die Werke Gottes sollen an ihm sichtbar werden. Ihre Frage wurzelte in Mathematik, es musste irgendwo in der Schulden-Liste einen Anhaltspunkt für diese Strafe geben. Die Antwort Jesu war Kunst: Gott möchte sich gerade hier, gerade jetzt in diesem Mann verherrlichen, ob es nun in diesem Augenblick Sinn macht oder nicht. Als Jesus zu Nikodemus sagte, er müsse „von neuem geboren" werden (Johannes 3), war die Antwort von Nikodemus pure Mathematik: „Muss ich dann wieder zurück in den Schoß meiner Mutter kriechen?!" Nikodemus wollte Sinn, Jesus aber gab ihm Unsinn, er wollte ein Pferd, Jesus aber gab ihm eine Giraffe. An diesem Punkt kommen biblische Fundamentalisten aus dem Konzept. Wir lesen die Bibel wie ein Diagramm, während sie jedoch viel mehr einem Gemälde ähnelt. Wir suchen nach einem Plan, aber finden ein Gedicht. Leben kann uns bis zu einem fast grotesken Maß absurd erscheinen. Zum Beispiel sind ein paar meiner Freunde in den letzten Jahren gestorben. Zwei von ihnen starben auf der Toilette. Mach hier jetzt keinen Denkfehler, sie waren gute Typen. Sie führten ein anständiges Leben und hatten gute Familien. Warum kannst du dir hier nicht das Lachen verkneifen? Die Umstände ihres Ablebens brachten viele Menschen zum Lachen. Absurdität ist eine von Gottes vielen Kunstformen. Wenn das Leben absurd wird, ist es das Beste, darüber zu lachen.

Phasen des Lebens

Lieder schreiben war immer eines der Dinge, die ich am liebsten tat. Ich erkannte jedoch als junger Mann nicht, dass es in Phasen geschieht. Ich war einfach erfreut über meine Fähigkeit, etwas Wunderschönes zu erschaffen. Als ich jedoch das erste Mal in den Herbst und Winter meines kreativen Kreislaufes kam, dachte ich, jetzt hätte ich mit Sicherheit meine Gabe verloren. Ich ging auf meine Knie und betete, bat Gott um Vergebung und Gunst. Ich dachte, ich hätte vielleicht etwas falsch gemacht und die Fähigkeit zu schreiben sei mir deshalb genommen worden. Es vergingen Monate ohne die leiseste Idee für einen Song. Dann kam sie plötzlich wieder zurück und ich begann wieder Lieder zu schreiben. Ich war begeistert. Dann ging sie wieder. Ich dachte, Gott wäre der Meinung, ich sei ein schlechter Haushalter der Lieder, die er mir gegeben hatte. Aber dann änderte sich die Phase wieder und die Fähigkeit zu schreiben kehrte zurück. Ich durchlebte mehrere dieser Kreisläufe um zu lernen, dass Kreativität saisonabhängig ist. Zu versuchen, zur falschen Zeit einen Song zu schreiben, ist, wie wenn man eine Frucht pflückt, bevor sie reif geworden ist. Du musst sie reifen lassen, ihr Zeit geben und sie ernähren.

Ich glaube, Gott weiß, dass wir nur ein bestimmtes Maß an Veränderung auf einmal verkraften können. Jesus erzählt in einer Geschichte, dass der Diener nicht um einen Tag oder eine Woche bat, um den unfruchtbaren Baum dazu zu bringen Früchte zu tragen, er bat um ein weiteres Jahr (Lukas 13;8). Ein Jahr ist eine lange Zeit. Er wusste, es würde so lange dauern. Gottes Kunstwerk in uns braucht ebenfalls Zeit, manchmal muss das Gemälde erst einmal trocknen. Manchmal müssen die Texte eine Weile liegen.

Leonardo da Vinci gab jungen Künstlern folgenden Rat: „Es ist gut, dass du die Arbeit oftmals ruhen lässt und eine kleine Pause machst, weil wenn du dann wieder zu ihr zurückkehrst, du ein besserer Richter bist; zu nah an dem Werk zu sitzen, kann dich in hohem Maß täuschen.“[28] Leben wie die Kunst ist zeitlich begrenzt.

---

28 Aus „Auszüge aus den Notizbüchern von Leonardo da Vinci“ von Irma A.Richter (London: Oxford University Press, 1952), 220-21

Unterschätze niemals die Macht deiner Kunst

Nach einem Abendkonzert kam einmal eine junge Frau zu mir. Sie war wohl gekleidet und von der Art wie sie sich gab, schien sie erfolgreich und glücklich zu sein. Sie stellte sich vor und sagte, „Ihre Musik erhielt mich am Leben." Ich lächelte, weil ich dachte, sie würde jetzt absichtlich übertreiben. Dann sah ich jedoch die Tränen in ihren Augen. „Ich bin eines von acht Kindern. Sechs von uns sind tot. Sie nahmen sich das Leben. Nur eine Schwester und ich blieben zurück. Ich habe mit der gleichen Depression zu kämpfen gehabt, wie meine Geschwister. Die vergangenen fünf Jahre habe ich jedoch Tag und Nacht ihre Musik gehört. Sie ermutigte mich weiterzugehen. Sie haben mich mit ihren Anbetungsliedern in Gottes Thronsaal mitgenommen. Sie sind der einzige Grund, warum ich meiner Familie nicht ins Grab gefolgt bin."

Nun weinten wir beide. Gottes Kunst in uns ist unvollständig. Wir alle sind Werke im entstehen. Aber Gott gebraucht unfertige Werke, um andere zu segnen. Vielleicht empfindest du dich als gewöhnlich, aber du solltest niemals die Macht deiner Kunst unterschätzen, auch wenn sie noch nicht vollkommen und vollständig ist. Leo und Gertrude Stein, kauften das Gemälde von Picasso „Three Women", eines der frühesten kubistischen Gemälde und hängten es an prominenter Stelle in ihrem Pariser Salon auf. Künstler aus aller Welt sahen es und wurden durch dieses Gemälde beeinflusst. Es war nach Meinung der meisten Menschen nicht Picassos größtes Werk, aber es beeinflusste die Richtung der gesamten modernen Kunst, indem es andere Künstler prägte. Lass Gott dich ebenfalls an einen prominenten Platz stellen, damit er durch dich andere beeinflussen kann, bevor du selbst vollendet bist.

Sei bereit die Routine zu durchbrechen

Großartige Kunst ist niemals Routine. Wenn du routinierte Kunst haben möchtest, dann beobachte den Typen an der Straßenecke, der Berge und Ozeanszenen für fünfundzwanzig Dollar das Stück malt. Er ist nicht so sehr Künstler als vielmehr Handwerker, er hat die Fähigkeit das gleiche visuelle Klischee schnell und oft zu wiederholen, ohne neue und bedeutungsvolle Ideen mit einzubauen.

Ich ging einmal hinter dem Vorhang auf einer dunklen leeren Bühne in Tacoma, Washington, vor einem Auftritt auf und ab. Auf der anderen Seite des Vorhangs füllte sich der Saal mit Menschen. Während ich dort alleine hin und her ging, betete ich, „Jesus was möchtest du heute Abend tun?“. Du musst wissen, ich habe ein Set musikalischer Abläufe, die ich fast im Schlaf herunterspielen kann. Ich singe einen lustigen Song über Gott, darüber wie er in Denominations-Schubladen gepackt wird, gefolgt von einem lustigen Riff.

Ich spreche über meine Familie und was ich tue und dann singe ich ein Stück das heißt: „Was wenn Sinatra, Elvis, die Beatles oder Willie Nelson „Lord Be Glorified“ geschrieben hätten?“ Ich erzähle eine Geschichte über meinen Vater und singe dann einen Song, den ich nach seinem Tod geschrieben habe, der aufrüttelt und innerlich berührt. Ich weiß wie man Konzerte gestaltet damit es eine genussvolle Zeit für alle wird. Aber solche Routine kann zu einer tiefen Spurrille werden. Während ich also dort auf dieser Bühne in Tacoma hin und her ging und betete, bat ich Jesus, mir die für diesen Abend entscheidenden Punkte zu zeigen. Ich hatte dieses Gebet vorher schon oft gebetet und die Absichten dahinter waren auch schon Routine Ich war nicht bei der Sache und fragte dies nur, um vor mir selbst als ernsthaft und geistlich zu erscheinen. Eigentlich bedeutete es, „Abgesehen von den Songs und Kommentaren, die ich sowieso schon ausgewählt habe, was sonst möchtest du tun, Herr?“ Ich hatte um ein positives, dynamisches, geistliches Ergebnis gebeten, das mich gut dastehen und „meinen“ Dienst den Rücken stärken würde. Aber als ich an diesem Abend wieder umherging und mit Jesus redete, meinte ich es wirklich ernst. Was wollte er für heute Abend? Seine Antwort erwischte mich ungeschützt: „Bring sie zu mir.“ Das war alles “Bring sie zu mir”. Ich hatte also das unschätzbare Vorrecht, die Atmosphäre zu schaffen, in der Gott und Mensch sich begegnen konnten. Noch konkreter formuliert, ich bekam die Erlaubnis voller Mut vor den Gott des Universums zu treten und diese Menschen im Publikum mitzubringen! Wenn ich sie zu Jesus führen würde, könnte er in ihnen das tun, was er gerne wollte. Mir war vollkommen klar, dass ich sie nicht zu einer guten christlichen Philosophie bringen sollte. Ich sollte sie nicht von irgendetwas überzeugen. Alles worum ich gebeten wurde war, sie zu Jesus zu bringen. „Bring sie zu mir“. Mit diesen vier Worten fiel mein ganzer Plan in sich zusammen. Ich wusste, ich konnte jetzt nicht einfach auf die Bühne gehen und meine Songs herunterspielen. Ich hatte nicht die geringste Ahnung wo ich beginnen sollte. Ich fühlte mich wie Abraham, der eine Reise beginnt ohne zu wissen, wohin ihn diese führt. Ich war dabei an einen Ort zu gehen, an den Bob Kilpatrick noch niemals zuvor gegangen war. Ich nahm meine Gitarre in die Hand und schritt aus dem Schatten des Vorhangs heraus in ein mutiges Abenteuer, das von mir verlangte, der ruhigen, leisen Stimme sorgfältig zuzuhören, die mich, so hoffte ich, durch diesen Abend führen würde. Meine Hoffnung wurde erfüllt. Ich sang das Lied, das mir in den Sinn kam und dann das nächste Lied. Die Menschen antworteten mit Anbetung und der Raum füllte sich mit fröhlicher Ehrfurcht. Plötzlich war jemand neben mir auf der Bühne, der die Menschen mit konkreten Nöten nach vorne zum Gebet rief. Ich sang weiter, während die Menschen nach vorne strömten. Wir verbrachten lange Zeit einfach nur im Lobpreis, während die Nöte der Menschen zu dem Liebhaber unserer Seelen gebracht wurden. Ich weiß nicht, was alles an diesem Abend geschehen ist, aber ich weiß, dass wir zu Jesus kamen und Jesus uns dort begegnete. Der letzte Song klang aus. Wir verharrten alle einige Augenblicke in dieser süßen Stille und ich ging wieder hinter den Vorhang. Mein Herz war voller Friede. Jedes Mal, wenn ich mich jetzt darauf vorbereite, vor Publikum zu stehen, denke ich an diese einfache Aufforderung: Bring sie zu mir.

Ist deine Kunst zur Routine geworden? Wenn ja, öffne dich aufs Neue dem Künstler. Du bekommst vielleicht eine überraschende neue Ausrichtung.

Arbeite hart bis zum Ende

Das letzte Werk Michelangelos, das er begann als er in seinen Siebzigern war, war die Basilika St.Peter. Er arbeitete daran „nur für die Liebe Gottes“, sagte er. Es ging nicht mehr um Rivalität oder Reichtum oder seinen Ruf. Seine Gegner waren alle gestorben. Sein Ruf war etabliert. Er würde kein Geld mehr brauchen. Er kam in seiner Kunst so nah an die Heiligkeit heran wie niemals zuvor. Er starb bevor die Basilika vollendet wurde und auf seinem Sterbebett sagte er, „Es tut mir leid…dass ich sterbe so wie ich begonnen habe, beim Erlernen des Alphabets meines Berufes.“

Es sollte auch unsere Haltung sein, dass uns niemals die Arbeit ausgeht und wir auch noch weitere tausend Jahre glücklich weiterarbeiten könnten, sollte Gott uns diese Zeit geben.

ZUSAMMENFASSUNG

Kunst und Versöhnung

Mein Vater war eines von Gottes großartigsten Kunstwerken. Gott rettete und erlöste, was ganz einfach ein zertrümmertes Leben hätte werden können und er gebrauchte dieses Material, um tausende Menschen mit der Liebe Gottes zu berühren.

Augie Kilpatrick verbrachte seine Jugend im staatlichen, strengen Kinderheim in Charleston, South Carolina. Sein Vater starb durch einen geplatzten Darmfortsatz während eines Hurricans, weil es ihm unmöglich war, an Medikamente zu kommen. Meine Großmutter hatte es nicht einfach, sich um ihre sechs Kinder zu kümmern, deshalb brachte sie einige von ihnen in das Kinderheim. Aus Gründen, die sie niemals offenlegte, nahm sie eines Tages all ihre anderen Kinder und ließ meinen Vater noch weitere drei Jahre dort alleine zurück, bis er fünfzehn Jahre alt war. Er konnte dann auf alleinigen Wunsch das Heim verlassen.

Man kann sich vorstellen, wie das Leben eines Waisen aussieht, oder vielleicht kannst du es nicht. Es kommen Bilder hoch von der Oberin, die Stapel frisch gewaschener Wäsche auf dem Boden im Schlafsaal der Jungs stapelt. Plötzlich wird dir klar, dass du um Klamotten, die dir passen, drängeln und kämpfen musst. Du bekommst auch immer nur Kleider für eine Woche, egal wie übergroß, verschlissen oder verschmutzt sie waren. Stell dir vor, dass du im Moment, wenn das Essen vor dich gestellt wird, du hinein spuckst, damit keiner der größeren Jungs es dir stiehlt. Stell dir vor, wie du „der Ball“ in einem Spiel bist, in dem die älteren Jungs die jüngeren mit einem Besen durchprügeln. Jetzt stell dir vor, wie du dich Woche für Woche in einer Reihe aufstellst wenn mögliche Adoptiveltern vorbei laufen und nach einem Kind suchen, das sie mit nach Hause nehmen wollen. Stell dir vor, wie du dich dort so aufrecht wie möglich hinstellst, dein Gesicht gewaschen, dein Shirt sauber in der Hose, in der Hoffnung, dass ein Paar dich auswählt und sagt, „Augie, wir entscheiden uns für dich.“

Aber du erlebst Woche für Woche, dass die Adoptiveltern zu anderen Kindern sagen, „Jimmy, wir nehmen dich.“ „Ricky, wir entscheiden uns für dich“. Jedes Kind würde in einer solchen Situation denken, es würde etwas mit ihm nicht stimmen. Sieben Jahre lang stand mein Vater in dieser Reihe und durchlief dieses Ritual und nicht einmal sagte jemand zu ihm, „Augie, ich entscheide mich für dich.“ Die Oberschwestern hatten ihm nicht erzählt, dass auch wenn seine Mutter sich nur einmal im Monat darum kümmerte ihn zu sehen, sie eine Adoption durch andere verweigerte. Er war überhaupt nicht im Rennen und dennoch wurde er gezwungen, dort zu stehen. Er wurde niemals auserwählt und als er endlich herausfand warum, war seine Seele tief verletzt. Verbittert verließ er das Waisenhaus und nahm einen Job am Hafen an. Seine Lebenseinstellung war, „Nun, wenn mich niemand nimmt, dann wähle ich mich - und du nimmst dich besser in acht." Er wurde ein Kämpfer, im Ring wie auf der Straße. Er griff Menschen mit zerbrochenen Bierflaschen in Kneipen an. Einmal schlug er sogar seinen Chef bewusstlos. Er war fest entschlossen, dass ihn niemand mehr übers Ohr hauen würde. Er war äußerlich ein harter Bursche, aber in ihm wartete immer noch ein kleiner Waisenjunge darauf, ausgewählt zu werden.

Dann ergriff Gott meinen Vater. Er legte das gewalttätige Leben ab und ging auf die Bibelschule. Er spürte die Berufung zu einem Leben im geistlichen Dienst für die Menschen, die wie er keinen Ort hatten, den sie ihr Zuhause nennen konnten. In den Gemeinden, die er im ländlichen Georgia gegründet hatte, schlief ich in der ersten Reihe in den Predigten immer ein. Ich erinnere mich an gemeinsame Essen nach dem Gottesdienst im Schatten der Pinien, wir aßen gegrilltes Hähnchen, schwarze Bohnen und Wassermelonen und tranken süßen Tee. Aber seine Ehe mit meiner Mutter begann sich aufzulösen. Er fühlte sich immer noch nicht geliebt, egal was sie für ihn tat. Der Waisenjunge hatte ihn nie verlassen. An einem Weihnachtsmorgen, als die Beziehung meiner Eltern schon abgekühlt war, stand er morgens früh auf, um in der

Bibel zu lesen und Trost für sich zu suchen. Er kniete nieder und legte seine Bibel auf den blauen, samtenen Lehnstuhl im Wohnzimmer. Dann änderte sich schlagartig alles um ihn herum. Der Lehnstuhl und die Bibel verblassten. Er war nicht mehr länger in seinem Wohnzimmer, sondern stieg in eine Vision ein, etwas das Baptisten wie er normalerweise nie tun. Er fand dies überhaupt nicht in seiner Theologie, aber es geschah.

Er sah sich als Fünfjährigen an einem Samstag im Charleston Waisenhaus stehen, kerzengerade und schick gekleidet in abgenutzten Kleidern. Der kleine Junge wartete und hoffte darauf, ausgewählt zu werden. Als er sich so als Junge dort beobachtete, kamen sämtliche Gefühle aus dieser schmerzhaften Zeit mit schrecklicher Kraft mit einem Mal wieder zurück. Dann erschien eine Figur. Es war ein Vater, aber nicht irgendein Vater, es war Gott der Vater. Der Vater streckte seine Hand aus und nahm den kleinen Jungen hoch in seine Arme, umarmte ihn und hielt ihn ganz fest. „Augie, ich wähle dich aus," sagte der Vater. Dieser Augenblick wurde zum Wendepunkt im Leben meines Vaters. Seitdem war er nie mehr der gleiche. Er wurde innerlich heil. Meine Eltern erlebten eine Erneuerung in ihrer Ehe und entwickelten einen weltweiten Dienst an Ehen. Er starb unerwartet am 13.Juli 1991.Vielleicht sagst du jetzt, dass Jesus durch diese Vision „meines Vaters Problem gelöst hätte", aber ich sehe das anders. Gott erschuf einen geheimnisvollen Film, spielte einen kurzen Ausschnitt aus einer schmerzhaften Vergangenheit wieder ab und schob dann etwas neues in die Geschichte ein, sich selbst! Die Gegenwart Jesus in diesen Erinnerungen stellte das beschädigte Kunstwerk des Lebens meines

Vaters wieder her. Mein Vater wurde danach ein Meisterstück. Sein Leben war eine schöne Symphonie, die sich von Allegro zu Agitato, dann Bellicoso, Cambiare, Con Brio, Crescendo, Docissimo, Diminuendo und am Ende einem Niente steigerte, eine sanfte, gnadenvolle Zusammenfassung eines von Liebe gesättigten Lebens.

In dieser Geschichte findet sich eine großartige Verheißung für dich und mich. Gott hat keine Lieblinge. Er ist gegenüber niemandem von uns parteiisch (Römer 2;11) Er liebt meinen Vater nicht mehr als dich oder mich. „Ich wähle dich aus." Er wählt dich aus, damit er ein Kunstwerk vorzeigen kann, das es bisher noch niemals gegeben hat. Er erwählt dich, damit du ein Meisterstück werden kannst, das alles übersteigt, was menschliche Hände jemals geformt haben. Er erwählt dich, damit du sein Gedicht, sein Gemälde, sein Theaterstück, sein Song wirst. Er erwählt dich, damit du Teil einer ewigen Kunstausstellung wirst. Wenn ich manchmal während eines Konzertes einen Song beende, trete ich zurück vom Mikrofon. Während das Publikum klatscht, mache ich mir bewusst, dass ich in diesem Augenblick nicht nur von menschlichen Zuhörern umgeben bin, die große Wolke von Zeugen, die der Autor des Hebräerbriefes beschreibt (12;1) und ich sehe meinen Vater, der mich anfeuert. Ich weiß, dass ich eines Tages, wenn Gott sein Kunstwerk in mir vollendet hat, bei ihm sein werde und du wirst es auch sein. Die vor uns gegangen sind warten sehnsüchtig auf die Show, die Gott gerade vorbereitet, die in der Bibel bezeichnet wird als *„die Herrlichkeit, die offenbar werden wird"* (Römer 8;18). Kein Auge hat die Wunder, die wir dann tatsächlich geworden sind je gesehen, kein Ohr gehört, was Gott am Ende aus uns gemacht haben wird. Sogar jetzt gerade, kann ich den Himmel fast hören, wie er uns anfeuert, während Gott sein Kunstwerk in uns vollendet. Eines Tages werden die Scheinwerfer angehen und der Vorhang wird sich heben und wir werden für immer unseren Platz in der unvergleichlichen Kunstgalerie einnehmen, in der der Schöpfer seine großartigsten Kunstwerke aufbewahrt. Dann werden wir erkennen, das alle Zeit, die wir auf der Erde durchlebt haben, gut gelebt war, die Opfer es wert gewesen waren, denn der Meister hat die Materialien unseres Lebens genommen und in uns sein Kunstwerk geschaffen.

Bob Kilpatrick ist seit mehr als dreißig Jahre professioneller Musiker und Redner und hat viele bekannte Lieder geschrieben unter anderem das Anbetungslied „In my life, Lord be glorified“ und “Here Am I (Send Me to the Nations”).Bob ist ein gefragter Redner und spricht jedes Jahr, bei Hunderten von Veranstaltungen, rund um die Welt. Er hat Aufnahmen für Künstler wie Phil Keaggy und Randy Stonehill produziert. Er schreibt auch eine beliebte Kolumne für eine christlichen Musikerzeitschrift, und sein Radioprogramm, „Auszeit“ erreicht jede Woche vier Millionen Menschen. Er und seine Frau, Cindy haben fünf erwachsene Kinder und leben in Fair Oaks, Kalifornien.

Joel Kilpatrick ist der Gründer der Religionssatirewebsite „LarkNews.com“ und ist in „Christianity Today“ und der „Time“ porträtiert worden. Er hat einen „Master of Science“ in Journalismus von der „Universität von Columbia“ und gewann vom Gospelmusikverband den wichtigsten Preis für Humor im Jahr 2005. Er ist Autor und Coautor vieler Bücher einschließlich des satirischen „Bestimmungsbuchs für Evangelikale und ihres Lebensraums.